AF444198

ALLAN R. BREWER-CARÍAS

Profesor Emérito de la Universidad Central de Venezuela
Individuo de Número de la Academia de Ciencias Políticas y Sociales de Venezuela
Miembro Correspondiente de la Academia Chilena de Ciencias Sociales, Políticas y Morales
Miembro de la Asamblea Nacional Constituyente de Venezuela, 1999

LAS EMPRESAS PÚBLICAS EN EL DERECHO COMPARADO

(ESTUDIO SOBRE EL RÉGIMEN DE LAS ACTIVIDADES INDUSTRIALES Y COMERCIALES DEL ESTADO)

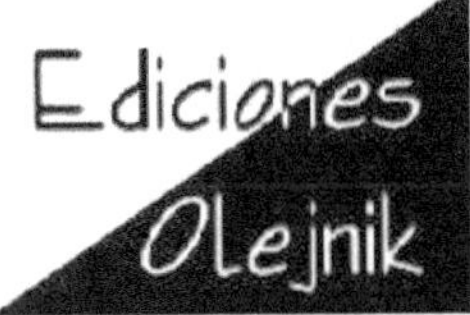

Las empresas públicas en el derecho comparado. (Estudio sobre el régimen de las actividades industriales y comerciales del Estado)

© Allan R. BREWER-CARÍAS

© Ediciones Olejnik
  Huérfanos 611, Santiago-Chile
  E-mail: contacto@edicionesolejnik.com
  Web site: http://www.edicionesolejnik.com

Primera edición en Ediciones Olejnik: 2022

ISBN: 978-956-407-163-3

Diseño de Carátula: Ena Zuñiga

Diagramación: Janett Ruiz Rebaza

La primera edición de Ediciones Olejnik fue impresa en Argentina, 2022

La reimpresión en coedición entre Ediciones Olejnik y Editorial Jurídica Venezolana fue impresa por Lightning Source, an Ingram Company, para Editorial Jurídica International Inc., 2022

ÍNDICE

ÍNDICE

NOTA DEL AUTOR

Tuve la fortuna de haberme involucrado en los estudios de derecho comparado como disciplina jurídica autónoma, cuando tuve que asumir la tarea de estudiar una serie de instituciones jurídicas específicas en el marco de los trabajos de la *Academia Internacional de Derecho Comparado* de La Haya, a los efectos de poner de relieve los rasgos comunes de diversos sistemas y ordenamientos jurídicos positivos referidos a las mismas, mediante su estudio y confrontación, destacando sus diferencias y semejanzas para poder conformar una doctrina general que pudiera servir para el progreso de la disciplina en el mundo. Ello originó el libro que ahora se reedita por Ediciones Olejnik, y que fue el texto de la Ponencia General que presenté en el VII Congreso de la Academia Internacional de Derecho Comparado que se celebró en Uppsala, Suecia, en 1966.

Ese involucramiento ocurrió casualmente, cuando el profesor Roberto Goldschmidt, en ese entonces Director del Instituto de Derecho Comparado del Ministerio de Justicia de Venezuela, y a quien había conocido durante el tiempo en el cual me desempeñé como Consultor Jurídico Adjunto de dicho Ministerio (1963-1964) (donde teníamos las oficinas una al lado de la otra), me propuso unos años después, en 1965, en el marco de los trabajos de investigación que tenía a mi cargo en el Instituto de Derecho Público de la Universidad Central, que asumiera la tarea de elaborar un estudio de derecho comparado sobre el tema de *Las actividades industriales y comerciales del Estado*, para ser presentado en el referido VII Congreso de la Academia Internacional de Derecho Comparado.

Goldschmidt, quien era miembro de esa prestigiosa Academia Internacional desde hacía lustros, había sido designado Ponente General sobre dicho tema. Sin embargo, siendo como era uno de los más destacados comercialistas y comparatistas de la época, entendió claramente que el tema que se le había asignado, en realidad era más un tema de derecho público que de derecho mercantil, pues en definitiva se trataba del estudio de *Las empresas públicas en el derecho comparado*.

Como joven profesor entonces, a mis 26 años, asumí aquél tremendo reto de redactar el trabajo – normalmente asignado en la Academia a profesores reconocidos y consagrados en el mundo – partiendo, no solo de las Ponencias nacionales recibidas, sino de toda la bibliografía que pude encontrar en el mundo sobre el tema, concluyendo con la presentación del trabajo en Uppsala en el marco de las sesiones del *VII Congreso Internacional de Derecho Comparado*.[1]

Afortunadamente, el profesor Goldschmidt no quedó defraudado con el reto que me había lanzado; mi estudio, a pesar de mi juventud, fue muy bien recibido y valorado en Uppsala, y con ello me metí de lleno en el mundo del derecho comparado y en los trabajos de la Academia.

Sobre el trabajo presentado, el profesor John Hazard, distinguido compararista norteamericano, profesor en la *Columbia Law School* de Nueva York, en el Prólogo que escribió para la edición del libro en castellano (*Las empresas públicas en el derecho comparado*, Universidad Central de Venezuela, Caracas 1967), al destacar el trabajo realizado para el Congreso de Uppsala expresó lo siguiente:

> *"En un remarcable informe, el profesor Brewer Carias, hizo un análisis, no sólo de los informes presentados, sino también de la bibliografía general sobre la materia. Todos los participantes estuvieron de acuerdo en considerar que sintetizó y analizó los problemas y tendencias involucrados, con maestría. Se le alentó para que ampliara sus trabajos ya realizados y para que publicara los resultados. Este volumen es testimonio fiel de su capaz análisis y de la claridad con que ha presentado un tópico complejo en una forma legible.*
>
> *En mi calidad de miembro de la Academia que tuvo el privilegio de presidir las discusiones de Uppsala, es para mí un honor y un placer presentar su estudio al amplio público que merece."*

Por su parte, el profesor Roland Drago, Secretario permanente de la Academia Internacional de Derecho Comparado y Profesor de la Facultad de Derecho y Ciencias Económicas de Paris, en el Prólogo que escribió para la edición del libro en francés (*Les entreprises publiques en droit comparé*, Faculté International pour l'enseignement du droit comparé, Paris 1968) expresó que:

> *"Desde que se tuvo conocimiento en el curso del Congreso de la Academia de Derecho Comparado que tuvo lugar en Uppsala durante el verano de 1966, de la muy importante Ponencia general presentada por el profesor Altan Randolph Brewer-Carias de la Universidad Central de Venezuela, fuimos muchos que lo incitamos a trasformar su Ponencia en una obra. Es que esta Ponencia era ya de notables cualidades de síntesis y que se basaba en una considerable documentación proveniente de diversos sistemas jurídicos. Hubiera sido en consecuencia lamentable que solo subsistiera como documento interno del Congreso."*

---

1   El trabajo en su versión original se publicó como: Allan R. Brewer-Carías, "Le régime des activités industrielles et commerciales des pouvoirs publics en droit comparé" en *Rapports Généraux au VIIe Congrès International de Droit Comparé, Acta Instituti Uppsaliensis Jurisprudentiae Comparativae*, Stockholm 1966, pp. 484-565.

El profesor Drago calificó el libro que resultó de la Ponencia general, como *"la obra más actual sobre las empresas públicas en el derecho comparado,"* concluyendo que no dudaba en decir *"que se trata, hoy, de la mejor síntesis realizada a propósito del régimen de las empresas públicas en el mundo,"* concluyendo sus apreciaciones indicando que:

> *"En total, he aquí un libro al cual los lectores en lengua francesa acudirán con frecuencia, el cual les permitirá descubrir las cualidades eminentes de un autor muy representativo de la joven doctrina del derecho administrativo en Venezuela y en la América Latina."*

IV

Lo cierto de esa experiencia del Congreso de Uppsala, y de la acogida que tuvo mi trabajo, fue que desde entonces quedé vinculado a la muy importante Academia Internacional de Derecho Comparado, habiendo sido electo de inmediato como Miembro Asociado de la misma, pasando luego a ser electo como Académico Titular en 1982, y en la cual serví como Vicepresidente desde 1982 hasta 2010.

Durante esas décadas, la Academia me encargó la elaboración de otras Ponencias generales sobre los siguientes temas: *Les limites a la liberte d' information en droit compare (presse, radio, cinema, television),* VIII International Congress of Comparative Law, Pescara, Italia, septiembre 1970;[2] Ponente General del tema *Regionalization in Economic Matters in Comparative Law,* IX International Congress of Comparative Law, Teherán, Septiembre 1974;[3] Ponente general del tema *La descentralización territoriale. Autonomie territoriale et regionalisation politique,* IX Congrès Internationale de Droit Comparé, Caracas Septiembre 1982 (del cual fui Vice Presidente del Comité Organizador);[4] Ponente General del tema *Les protections constitutionnelles et légales contre les impositions confiscatoires,* XIII International Congress of Comparative Law, Montreal, Canadá Septiembre 1990;[5] Ponente general sobre el tema *Constitutio-*

---

2   El trabajo en su versión en castellano se publicó como: Allan R. Brewer-Carías, "Las limitaciones a la libertad de información en el Derecho Comparado (Prensa, Radio, Cine y Televisión)" en *Revista de la Facultad de Derecho,* N° 47, Universidad Central de Venezuela, Caracas, diciembre 1970, pp. 9-47.

3   El trabajo en su versión original se publicó como: Allan R. Brewer-Carías, "Regionalization in Economic Matters in Comparative Law" en *Rapports Generaux au IX Congrés International de Droit Comparé, Teherán 1974,* Bruselas 1977, pp. 669-696.

4   El trabajo en su versión original se publicó en castellano como: Allan R. Brewer-Carías, "La descentralización territorial: Autonomía territorial y regionalización política", en *Revista de Estudios de la Vida Local,* N° 218, Instituto de Estudios de Administración Local, Madrid, abriljunio 1983, pp. 209-232.

5   El trabajo en su versión original se publicó como: Allan R. Brewer-Carías, "Les protections constitutionnelles et légales contre les impositions confiscatoires", *Rapports*

nal Implications of Regional Integration in Comparative, XIV Internacional Congress of Comparative Law, Bristol, Reino Unido, Agosto 1994;[6] y Ponente General sobre el tema *Constitutional Courts as Positive Legislators,* XVIII International Congress of Comparative Law, Washington julio 2010.[7]

Pero el trabajo primigenio de derecho comparado que asumí fue éste que ahora se republica, y sobre el cual quedó la siguiente anécdota: Como conforme con los estándares de la Academia yo, sin duda, era muy joven para asumir la función de Ponente general en un Congreso Internacional, lo que bien conocía el profesor Goldschmidt, estando él con la responsabilidad de proponer un sustituto que él quería fuera un profesor de América Latina, como él conocía bien mi corta pero fructífera carrera académica, no dudó en proponerme pero acompañando a su propuesta mi Hoja de vida académica (ya para ese entonces había publicado vatios libros y trabajos), pero con un detalle preciso: sin indicar mi fecha de nacimiento. Goldschmidt estaba seguro, conociendo el medio, que – salvando la edad – yo tenía suficientes credenciales para ser nombrado Ponente General

Y sí fue. Fui nombrado Ponente general y me puse a trabajar el tema, consciente por supuesto que sólo un trabajo excepcional podía superar las objeciones sobre la juventud. En todo caso, lo ciento fue que cuando llegué Uppsala para presentar mi trabajo, que ya estaba impreso multigrafiado (en un volumen de más de trescientas páginas!!) y puesto a disposición de quienes se inscribían para participar en las sesiones del Congreso, no se creyeron que el joven que acudía a inscribirse era el autor de la Ponencia General.

Mi esposa Beatriz, quien me acompaño cuando fui a inscribirme ante la Mesa de inscripción, siempre lo recuerda que cuando indiqué que yo era el profesor Brewer, lo que las personas encargadas me preguntaron es si yo era más bien el secretario o el asistente del profesor Brewer!!.

Octubre de 2021

Généraux XIIIe Congres International, Académie Internationale de Droit Comparé, Montreal 1990, pp. 795-824.

6   El trabajo en su versión en castellano se publicó como: Allan R. Brewer-Carías, "Las implicaciones constitucionales de la integración económica regional" en *El Derecho Venezolano a finales del Siglo XX,* Ponencias Venezolanas XV Congreso Internacional de Derecho Comparado, Bristol, julio-agosto 1998, Biblioteca de la Academia de Ciencias Políticas y Sociales, Caracas 1998, pp. 407-511; y como libro: *Las implicaciones constitucionales de la integración económica regional,* Cuadernos de la Cátedra Allan R. Brewer-Carías de Derecho Público, Universidad Católica del Táchira, Editorial Jurídica Venezolana, Caracas 1998, 163 pp.

7   El trabajo (junto con las Ponencias Nacionales) en su versión original se publicó en el libro: Allan R. Brewer-Carías, *Constitucional Courts As Positive Legislators,* Cambridge University Press, New York 2011, 932 pp.

A MANERA DE PRÓLOGO:

PRÓLOGOS A LAS EDICIONES INICIALES EN FRANCES Y CASTELLANO DE 1967 y 1968

Por los Profesores:
John HAZARD (USA) y
Roland DRAGO (Francia)

I

PRÓLOGO AL LIBRO: *LAS EMPRESAS PÚBLICAS EN EL DERECHO COMPARADO*, Colección Monografías de la Facultad de Derecho, Universidad Central de Venezuela, Vol. XXXVI, Caracas 1967, 200 pp., por el profesor John HAZARD, de la Facultad de derecho de la Universidad de Columbia, Nueva York.

Los Estados modernos, aun los más vinculados con la empresa privada, han sentido la necesidad de organizar métodos eficientes para dirigir la actividad económica por parte del Estado. Ya está lejano el tiempo en que sólo los arsenales, los servicios postales y los ferrocarriles constituían las principales actividades económicas del Estado. Hoy, los Estados socialistas marxistas dirigen toda la economía a través de agencias estadales, y hasta los Estados Unidos de América consideran conveniente producir electricidad, irrigar valles, manufacturar combustible atómico y llevar a cabo una serie de empresas menores, poseídas por los Gobiernos Federal o Estadales o por las Municipalidades.

El problema de los expertos en asuntos gubernamentales ha sido hallar un sistema de acuerdo al cual la actividad estatal pueda expandirse hacia nuevos campos, ajustándose a la vez a los problemas especiales de cada sociedad, incluyendo las actitudes tradicionales referentes a cómo debe ser llevado el Gobierno. Los británicos deben enfrentarse al peligro de debates parlamentarios interminables, si la tradicional pregunta parlamentaria puede formularse con respecto a detalles de la actividad económica. Los americanos pueden dudar acerca de cómo pueda el Congreso mantener su control tradicional sin menoscabar la libertad de decisión de los directores de planta. Los países socialistas marxistas pueden considerar qué es necesario para establecer iniciativas a nivel de las empresas, sin crear un nuevo estrato dirigente que se convierta en ley, en sí mismo. Vara cada uno de esos supuestos existe un problema, que requiere cuidadosa atención. Sin embargo, en todos ellos hay algo en común, lo que ha originado un interés intenso en la comparación de experiencias. Los funcionarios gubernamentales y sus consejeros legales se han inclinado, como en algunos otros campos, hacia el estudio compara-

tivo para obtener nuevas soluciones de los complejos problemas de las empresas económicas poseídas y dirigidas por el Estado en una compleja sociedad moderna.

A causa de esta sed de materiales comparativos, las asociaciones internacionales de académicos han puesto cada vez más su atención en los estudios realizados por expertos sobre la Corporación Pública y sus variantes. Se han efectuado mesas redondas en las que han participado profesores de muchos países. No se han dejado de considerar soluciones introducidas en diferentes sistemas económicos, porque todas tienen una causa común para el estudio de soluciones teóricas, independientemente del medio en el cual ha de desenvolverse la Empresa. Naturalmente, según los diferentes tipos de sociedad, se hace especial énfasis en determinados puntos: puede conceptuarse a la dirección estatal como ineficiente y propugnar el mantenimiento, en la Empresa del Estado, de las mejores características inherentes al sistema de empresa privada y, en otros casos, puede considerarse la Empresa privada como dispendiosa y por ello tratar de descartar la mayor parte posible de sus características. A pesar de todo esto, existe el problema común de producir un bien o un servicio a un costo mínimo, y con la mayor satisfacción posible tanto para la dirección como para los obreros. Ningún Estado, sea cual fuere su orientación política, puede durante mucho tiempo subsidiar la producción o planificar, sin tener en cuenta el elemento humano, representado por los hombres que trabajan o dirigen la Empresa. Asimismo, los sindicatos tienen funciones diferentes en los diversos sistemas económicos, pero en todos ellos reclaman ser oídos, con mayor o menor intensidad; lo mismo sucede en el sector empresarial. Por estas razones, la actividad comparativa en el campo de las Empresas públicas, no se hace en relación a entidades disímiles. Hay, por tanto, más aspectos en común que en contraste en este campo.

Entre todos los esfuerzos por presentar comparaciones fructíferas en este aspecto, el de la Academia Internacional de Derecho Comparado, ha sido el más amplio. En su VII Congreso de Derecho Comparado, celebrado en Uppsala, Suecia, durante el mes de agosto de 1966, expertos de muchas naciones y de distintos sistemas económicos, discutieron conjuntamente las tendencias actuales de esa cuestión. Se habían sometido con mucha anterioridad diversos informes, sintetizados por un Ponente General, el profesor Allan-Randolph Brewer Carias, de la Facultad de Derecho de la Universidad Central de Venezuela. En un remarcable informe, el profesor Brewer Carias, hizo un análisis, no sólo de los informes presentados, sino también de la bibliografía general sobre la materia. Todos los participantes estuvieron de acuerdo en considerar que sintetizó y analizó los problemas y tendencias involucrados, con maestría. Se le alentó para que ampliara sus trabajos ya realizados y para que publicara los resultados. Este volumen es testimonio fiel de su capaz análisis y de la claridad con que ha presentado un tópico complejo en una forma legible.

En mi calidad de miembro de la Academia que tuvo el privilegio de presidir las discusiones de Uppsala, es para mí un honor y un placer presentar su estudio al amplio público que merece.

John N. Hazard
Profesor de Derecho Público
Columbia University, New York

II

PRÓLOGO AL LIBRO: *LES ENTREPRISES PUBLIQUES EN DROIT COMPARÉ*, Faculté pour l'enseignement du droit comparé, Paris 1968, 120 pp., por el profesor Roland DRAGO, de la Facultad de Derecho y Ciencias económicas de París.

Lorsqu'on eut prís connaissance, au cours du Congères tenu à Uppsala pendant l'été 1966 par l'Académie internationale de droit comparé, du très important rapport général établi par le professeur Altan Randolph Brewer-Carias de l'Université centrale du Venezuela, nous fûmes plusieurs à inciter le rapponeur générale à transformer son rapport en ouvrage. C'est que ce rapport témoígnait déjà de remarquables qualités de synthése et qu'íl reposait sur une documentation considerable provenant des divers systèmes juridiques, Il eût donc été regrettable de le voir seutement subsister comme document interne au Congrès et seulement en langue espagnole.

Le professeur Brewer-Carias a entendu notre appel et il s'est mis au travail, en transforman son rapport pour en faire l'ouvrage le plus actuel sur les entreprises publiques en droit comparé. Le thème du Congrés d'Uppsala était seulement "le régime des activités commerciaíes et industrielles de l'Etat." Le titre même de l'ouvrage montre que l'auteur ne s'est pas contenté de donner a son rapport une forme imprimée. Il a repensé et reconstruir la matière, pour donner à son étude une forme plus dynamique en abordant un des problèmes qui se trouve au centre de toutes les préoccupations des iuristes, d'autant plus qu'il touche autant au droít publie qu'au droit privé. Après une édition en tangue espagnole et une autre en langue anglaise, voici l'édition française de ce livre. On n'hésite pas à dire qu'il s'agit, a ce jour, de la meilleure synthèse réalisée à propos du régime des entrepríses publiques dans le monde.

Certes nous n'oublions pas la belle étude collectíve présentée par M. W. Friedman, The Public Corporation (Toronto, 1954). Mals les choses ont beaucoup changé depuis quatorze ans et il était bon de reprendre la recherche.

A notre avis l'intérét d'une telle étude peut se situer à quatre points de vue:

1) Du poínt de vue du régime juridique, la syntnese est difficile à faire entre les diverses formes d'entreprises publiques telles qu'elles existent dans la plupart des pays de l'Europe continentale connaissant un dualisme juridique fondamental, les pays de common law qui ígnorent ce dualisme, les pays latino-américains qui se situent dans une posítion moyenne et les Etats socialistes où le domaine de l'entreprise publique est considérable. Essayer de trouver des lignes de force au milieu de cette diversité parâit impossible. Certes on sent l'unité derriére la diversité, maís encore faut-il à la fois connaitre parfaitement l'ensemble des règles qui s'appliquent a ces emteprises pour pouvoir justífier l'existence de "types idéaux"

2) Le travail d'analyse n'est pas ici un simple jeu intellectuel, car la tendance à l'harmonisation des législations est une des tendances du monde moderne (et un des bienfaits du droit comparé). Un travail comme celui~ci facilitera cette harmonisation qui est tentée aujourd'hui pour les pays du Marché commun (art. 54 - 3, 8 et 58 du Traité de Rome) et qui peut l'étre demain pour les pays de l'Amérique latine. Une étude comme celle du professeur Brewer-Carias permettra de tels rapprochements ou, mieux, elle les a déjà réalisés.

3) La tendance la plus récente du droit des entreprises publiques est íncontestablement la tendance au regroupement. Qu'il s'agisse de "holdings publics" ou de groupes industrialisés constitués par les filiales d'une entreprise-mère, les groupemems sont amenés à avoir une activité qui dépasse nécessairement les frontières de l'Etat qui les a créés. Ainsi les entreprises publiques ont, pour la plupart, une activité internationale qui impose à chacun une connaissance complète de leurs règles de fonctionnement lorsqu'il s'agit de traiter avec elles. Cette préoccupation pratique n'est pas étrangère a l'auteur, qui n'a pas seulement su élaborer une théorie juridique, mais aussi analyser toute l'activité commerciale des emreprises.

4) La règle d'or des entreprises publiques est celle de l'autonomie, Mais l'autonomie postule un contrôle de la part de l'Etat et il ne faut pas s'étonner de constater que M. Brewer-Carias ait consacré une des deux parties centrales de son livre à ette question. Il passe en revue les diverses formes de contróle et on notera, en particulier, l'originalité des développements qu'il consacre au contrôle exercé par les groupements d'intérêts.

Au total voici un livre auquel les lecteurs de langue française auront souvent recours et qui leur permettra de découvrir les éminentes qualités d'un auteur très représentatif de la jeune doctrine de droit administratif au Venezuela et en Amérique latine.

L'ouvrage porte le numéro 11 des publications de l'Association internationale de droit comparé et de la Faculté intemationale pour l'enseignement du droit comparé. Ces publications sont dédiées a Felipe de Sola Canizares. Il avait souhaité cette collection et en avait déjà jeté les bases. Quelle émotion pour ses disciples et ses amia de voir se matérialiser son oeuvre dans des travaux de la qualité du livre de M. Brewer-Carias !

ROLAND DRAGO

*Professeur à la Faculté de droit et des
sciences économiques de Paris*

NOTA INTRODUCTIVA

El presente estudio tiene por base la Ponencia General sobre el tema *Le Régime des Activités Industrielles et Commerciales des Pouvoirs Publics*, cuya redacción me fue encomendada por la *Académie International de Droit Comparé*, para ser presentada en el VII Congreso Internacional de Derecho Comparado, celebrado en Uppsala, Suecia, del 6 al 13 de agosto de 1966.*

---

*   A pesar de ser éste uno de los temas más fascinantes del Derecho Administrativo contemporáneo, a los efectos del Congreso, sólo recibí las siguientes ponencias nacionales indicadas por orden alfabético de países: KLAUS VOGEL, profesor en la Universidad de Erlangen-Nürnberg (Alemania), *Die Wirtschaftliche Betätigung Offentlicher Verwaltungsträger in Handel und Industrie und Ihre Reghtliche Regelung* (La actividad Económica de los sujetos de la Administración Pública en el Campo del Comercio y de la Industria y su Regulación Jurídica), dactilografiada, 19 páginas, publicada en *Deutsche Laudesferate zum VII Internationalen Kongres für Redrtsvergleichung in Uppsala 1966*, Berlin - Tübingen 1967, págs. 461 a 477; GERHARDT PLÖCHL (Austria), *Die Öffentliche Hand als Unternehmer* (El Poder Público como Empresario), dactilografiada, 20 páginas; MAURICE ANDRÉ FLAMME, Profesor en la Facultad de Derecho de Bruselas (Bélgica), *Le Régime des Activités Commerciales et Industrielles des Pouvoirs Publics en Belgique*, multigrafiada, 132 páginas, publicada en *Revue de l'Institut de Sociologie*, Bruselas, 1966, y en Rapports Belges au VII Congrès International de Droit Comparé, Bruselas, 1966, págs. 385 a 447; JOHN N. HAZARD, profesor en la Universidad de Columbia de Nueva York (EE. UU.) *Law Regulating the Commercial and Industrial Activity of Public Authorities in the United States of America*, multigrafiada, 10 páginas; MANUEL BROSETA PONT, catedrático de Derecho Mercantil (España), *La Société Anonyme Publique Unipersonnelle comme Instrument de l'activité économique de l'Etat*, dactilografiada, 25 páginas, publicada en *Ponencias Españolas, VII Congreso Internacional de Derecho Comparado*, Barcelona, 1966, págs. 493 a 506 (texto en español) y págs. 507 a 520 (texto en francés); TORE MODEEN, profresor Adjunto en la Facultad de Ciencias Políticas de Abo Akademi (Universidad sueca de Abo, Finlandia), *Le Régime des Activités Commerciales et Industrielles des Pouvoirs Publics en Finlande*, dactilografiada, 29 páginas, publicada con el mismo título como el N° 5 de *Studia Ivridica Helsingiensia*, Institutum Iurisprudentiae Comparativae Universitatis Helsingiensis, Helsinki, 1966, 20 páginas; ROLAND DRAGO, profesor en la Facultad de Dederecho y Ciencias Económicas de Lille y Secretario General de la Sociedad de Legislación Comparada (Francia), *Le Régime des Activités Commerciales et Industrielles des Pouvoirs*

Venezuela, desde hace algunos años, y sobre todo por la labor que desarrolló el profesor Roberto Goldschmidt al frente del Comité Venezolano de Derecho Comparado, ha participado con diversas ponencias nacionales en casi todos los Congresos anteriores preparados por la Academia; sin embargo, esta fue la primera vez que, a través de este trabajo, le correspondió presentar una Ponencia General. Sea entonces esta la oportunidad para agradecer a la Academia, en nombre de la Universidad Central de Venezuela —Institución a la cual está inevitablemente ligado el Comité Venezolano de Derecho Comparado—, la escogencia de nuestro país para la preparación de una de las Ponencias Generales del VII Congreso, así como la escogencia de mi persona para redactarla.

Una de las conclusiones a que me ha conducido la realización del presente estudio comparativo, es que el fenómeno de la actividad industrial y comercial del Estado o, en otras palabras, la aparición de las empresas públicas, es una realidad incontestable y generalizada en el Derecho Comparado, ya que no se trata de una manifestación propia de los países de régimen de economía planificada, sino que la encontramos en países de estructura capitalista y aun en aquellos que practican la llamada economía social de mercado. Por otra parte, no sólo es una manifestación propia de los países en vías de desarrollo, como un instrumento para lograrlo, sino que se da también en países con alto índice de industrialización, como instrumento, principalmente, de desarrollo regional y territorial.

En todo caso, las empresas económicas del Estado son una realidad y una necesidad como medio de acción gubernamental, que si se realiza con *decisión y firmeza*, puede ser un útil instrumento de desarrollo económico. Por ello, no hay que perder de vista que en muchas oportunidades, las fallas en el sector público que han dado lugar a críticas por parte del sector privado, tienen su origen en la *falta de decisión* del Estado al intentar llevar adelante una política de desarrollo social y económico, ante las presiones —que en materia económica son muchas— del mismo sector privado, porque algunas veces considera que sus ganancias —en ciertos

---

Publics, dactilografiada, 18 páginas, publicada en *Etudes de Droit Contemporain* (Nouvelle Serie). Contributions Françaises au VII Congrès International de Droit Comparé (Uppsala, 1966), Paris, 1966, págs. 449 a 460; M. S. GIANNINI, profesor en la Universidad de Roma (Italia), *Le Régimes des Activités Commerciales et Industrielles des Pouvoirs Publics en Italie*, dactilografiada, 18 páginas, publicada como Extracto del *Annuario di Diritto Comparato e di Studi Legislativi*, Vol. XL (1966), fase. I, Roma, 1966, 10 páginas; ZYGMUNT RYBICKI, profesor en la Universidad de Varsovia (Polonia), *Le Régime des Activités Commerciales et Industrielles des Pouvoirs Publics*, dactilografiada, 36 páginas, publicada en *Rapports Polonais Présentés au Septième Congrès International de Droit Comparé*, Varsovia, 1966, págs. 260 a 281. Por ello, y con el propósito de llevar a cabo un completo estudio comparativo del tema, tuve que intentar llenar las diversas lagunas con propias investigaciones, lo que se me facilitó por la abundante bibliografía existente sobre el particular. (*Vid.* Nota N" 10). En todo caso, el material para la labor comparativa suministrado por las referidas ponencias nacionales que recibí, fue, ciertamente, invalorable.

casos desproporcionadas— pueden verse reducidas en una mínima parte, ante un proyecto estatal de mejoramiento colectivo de índole social o económica. En este sentido, y frente al problema de la decisión, es necesario tener presente lo afirmado hace un siglo por Cecilio Acostar "Los gobiernos de puro *laisser faire*, los gobiernos momias, los gobiernos esqueletos, yo no los concibo: gobierno es acción, bien que legal, pero acción siempre" (Cecilio Acosta, *Doctrina Federal y leyes secundarias*, Caracas, 1869, pág. 83).

En este sentido, además, puede decirse que ya está totalmente superada la tesis que veía en las empresas públicas un atentado a la libertad económica. Ello lo confirma, por otra parte, nuestra propia Constitución en el Capítulo referente a los Derechos económicos, en relación al cual la Exposición de Motivos de la misma señala lo siguiente: "Por supuesto, la libertad económica que la Constitución garantiza no es la que puede impedir al Estado reservarse determinadas industrias, la explotación o servicios de interés público por razones de conveniencia nacional y dictar medidas para planificar, racionalizar y fomentar la producción, así como regular la circulación, la distribución y el consumo de las riquezas con el objeto de impulsar el desarrollo económico del país. La protección a la iniciativa privada que la Constitución consagra se ve, dentro de este orden de cosas, como una consecuencia lógica de la acción del Estado y el reconocimiento de la necesidad de que aquélla contribuya eficazmente al desarrollo nacional". Por tanto, la iniciativa privada puede coexistir con el sector público y si por la falta quizás de controles, aquélla impide de cualquier manera el desarrollo nacional, éste debe intervenir. Cobra aquí entonces toda su vigencia la frase del Partido Laborista británico: "*For some industries, controls —financial controls or direct controls— are enough. But sometimes controls are not en ou gh; then tnstrument of public ownership must be used*" (Labour Party, Fifty Facts on Public Ownership, Londres, 1950, pág. 2).

Por otra parte, el estudio comparativo del régimen de las actividades industriales y comerciales del Estado, y ahora en el campo de la Teoría del Derecho Administrativo, nos ha conducido a confirmar la exactitud de la tesis de J. L. Villar Palasí, quien en un ya célebre trabajo sobre "La actividad industrial del Estado en el Derecho Administrativo". (*Vid.* en *Revista de Administración Pública*, N° 3, 1950, Madrid, págs. 53 a 129), al constatar la quiebra de las clásicas categorías del Derecho Administrativo frente a dicha actividad, propugnaba, que frente a las tradicionales formas de la actividad administrativa (policía, fomento y servicio público), se agregara una nueva, la de gestión económica, lo que en la exposición del esquema provisional de nuestra sistemática del Derecho Administrativo venezolano ya hemos acogido. (Vid. en la Nota Introductiva de nuestro libro, *El Régimen Jurídico-Administrativo de la Nacionalidad y Ciudadanía Venezolanas*, Publicaciones del Instituto de Derecho Público, Facultad de Derecho, Universidad Central de Venezuela, N° 1, Caracas, 1965, pág. 8).

No puedo concluir esta Nota Introductiva sin dejar expresa constancia de mi agradecimiento por la colaboración recibida en todo momento por la Facultad de Derecho, en las personas de su Decano y director, doctores Gustavo Planchart Manrique y Alfredo Valero G., y por el Instituto de Derecho Público, en la persona de su director, doctor Antonio Moles Caubet.

Asimismo, deseo agradecer a mi buen amigo el doctor José Gabaldón Anzola —quien a través de su Seminario en la Facultad de Derecho hizo incursiones mucho antes que yo en estos campos— sus útiles y oportunos comentarios cuando elaboraba el manuscrito.

Por último, y como siempre, debo indicar que sin la comprensión y estímulo de mi esposa, quien también como yo ve en la obra ya realizada la compensación de tantos sacrificios, no hubiese podido concluir satisfactoriamente este trabajo.

Caracas, agosto de 1966.

ALLAN-RANDOLPH BREWER CARÍAS

ABREVIATURAS

ICE: *Información Comercial Española*, publicación editada por el Ministerio de Comercio (Servicio de Estudios), Madrid.

RAP: *Revista de Administración Pública*, editada por el Instituto de Estudios Políticos, Madrid.

RDP: *Revue de Droit Public et de la Science Politique en France et à l'étranger*, editada por la Librairie Générale de Droit et de Jurisprudence, Paris.

RFD: *Revista de la Facultad de Derecho de la Universidad Central de Venezuela*, Caracas.

RIDC: *Revue Internationale de Droit Comparé*, editada por la Société de Legislation Comparée y por la Librairie Générale de Droit et de Jurisprudence, Paris.

RISA: *Revue International des Sciences Administratives*, editada por el Institut International des Sciences Administratives, Bruselas.

IV CIEF: *Actas del IV Congreso Internacional de Entidades Fiscalizadoras*, celebrado en Viena en 1962, publicadas en esa misma ciudad, en cinco volúmenes y cuatro idiomas (alemán, francés, inglés y español).

PRIMERA PARTE

INTRODUCCION

> *"Tratar de la «Empresa Pública» en la actualidad es hablar del fin del liberalismo económico, de los modos de intervención de los poderes públicos en campos antaño considerados como «tabús», del estallido de las fronteras tradicionales entre el Derecho Público y el Derecho Privado, de la desaparición de las reglas administrativas o contables, de la desnaturalización de los principios más elementales del Derecho Mercantil".* M. A. Flamme, "La Empresa Pública en el Derecho Comparado", en *Revista del Instituto de Derecho Comparado*, N° 16-17, Barcelona, 1961, pág. 104.

1. El tema que nos proponemos desarrollar comparativamente, relativo al régimen de las actividades industriales y comerciales de los poderes públicos, aunque visto desde un ángulo más reducido, fue parcialmente objeto de discusión en el IV Congreso Internacional de Derecho Comparado, celebrado en París en agosto de 1954.

En aquella oportunidad se discutió en realidad, sobre el "régimen jurídico de los servicios públicos industriales y comerciales", quizás porque bajo ese ángulo la doctrina y la jurisprudencia encontraban justificaciones y encuadramiento en el Derecho Administrativo, para cierto sector del fenómeno de la intervención del Estado en la realidad económica, habiéndose llegado entre otras, a la conclusión de que "no es posible someter totalmente y siempre estos servicios públicos (industriales y comerciales) al Derecho común sin regla alguna de Derecho Público, como también descartar para ellos de modo completo el Derecho Privado. Su régimen es necesariamente entremezclado. Desde ahora se van a encontrar, y se encuentran, en efecto, no sólo de un país a otro, sino también dentro del mismo país, de una época a otra o de una materia a otra, categorías de fórmulas diversas en las que la dosificación respectiva de los elementos de Derecho Privado y del Derecho Público, y los puntos sobre los cuales recae su aplicación, son variables. La cuestión presenta, pues, inevitablemente un gran peligro de incertidumbre y de falta de coherencia, y, en efecto, en todas partes la misma, por estas razones, se presenta más oscura en la práctica".[8]

---

8   *Vid.* en *Información Jurídica* (Ministerio de Justicia, Comisión de Legislación Extranjera), N° 130, Madrid, Nov. 1964, pág. 938.

2. Ahora bien, si ante la realidad jurídica de los servicios públicos industriales y comerciales, llamados también *services a gestión privée*,[9] y que en la actualidad sólo constituyen una parte de la actividad industrial y comercial del Estado, las conclusiones del IV Congreso, hablaban de régimen entremezclado, de variabilidad, de incertidumbre y de oscuridad; ante un tema como el que ahora pretendemos estudiar comparativamente, que abarca todas las actividades industriales o comerciales de los poderes públicos, es decir, todas las actividades en las cuales el Estado asume una empresa económica con independencia de que puedan o no considerarse como servicios públicos, la posición inicial parece ser ciertamente desalentadora.

3. Debe señalarse ante todo que es un fenómeno de vigencia universal, el de la progresiva y cada vez más rápida ampliación de las tareas de las entidades estatales, en vista de la satisfacción de necesidades de interés general.

En el campo de las actividades económicas, especialmente, la reacción contra la concepción individualista imperante en el siglo XIX se ha hecho sentir de manera particularmente apreciable, sobre todo a partir de las postrimerías de la segunda década del siglo actual, y más acentuadamente, después de la Segunda Guerra Mundial. El dogma del liberalismo económico ha retrocedido, ciertamente, ante el avance decidido de las ideas intervencionistas.

Hoy día, pues, el Estado, con mayor o menor intensidad se inmiscuye en las actividades de producción y de distribución de la riqueza, marca pautas a la economía, la dirige y controla, estimula por diversos medios la iniciativa privada, respaldándola e impulsándola financieramente, sobre todo en aquellos aspectos de la vida económica en cuyo desarrollo hay un interés público relevante que atender.[10]

Ahora bien, aparte de los diversos y variados instrumentos legales mediante los cuales el Estado dirige y controla la actividad económica de los particulares, surgen con especial importancia en la actualidad, por su amplitud, los modos de ingerencia concreta, más o menos inmediata, por los cuales el Estado entra a desempeñar las actividades industriales y comerciales que decide asumir; ingerencia que, realizada en la actualidad como sistema, está reemplazando totalmente a los actos

---

9 *Cfr.* R. E. CHARLIER, "Les Services Publics Industrielles ou Commerciaux en France", en *Etudes de Droit Contemporain*, París, 1959, Vol. IV, pág. 119.

10 *Cfr. Doctrina de la Procuraduría General de la República 1964*, Caracas, 1965, pág. 18. En general, sobre los diversos aspectos de la intervención del Estado en la vida económica vid: HENRY LAUFENBURGER, *La Intervención del Estado en la Vida Económica*, México, 1942; ADOLFO DORFMAN, *La Intervención del Estado y la Industria*, Buenos Aires, 1944; ESCUELA NACIONAL DE ECONOMÍA, UNIVERSIDAD NACIONAL AUTONOMA DE MÉXICO, *La Intervención del Estado en la Economía*, México, 1955; H. KOONTZ y R. W. GABLE, *La Intervención Pública en la Empresa*, Barcelona, 1961; JOSE LUIS VILLAR PALASI, *La Intervención Administrativa en la Industria*, Tomo I, Madrid, 1964; MARIANO BAENA DEL ALCAZÁR, *Régimen Jurídico de la Intervención Administrativa en la Economía*, Madrid, 1966.

de intromisión aislados, esporádicos u ocasionales a que se reducía clásicamente la actividad del Estado a este respecto.[11]

Ante esta situación, como lo observa Katzarov, el problema de saber si el Estado debe o no dedicarse a actividades económicas puede ser considerado, en el estado actual de las cosas, como prescrito. En la época contemporánea, cualquiera que sean los argumentos de orden teórico o práctico esgrimidos en favor de una o de otra tesis, el Estado considera que tiene el derecho y aun, en ciertos casos, la obligación de intervenir en la vida económica.[12]

Ahora bien, con la aparición de la actividad administrativa en el campo económico, toda la clásica estructura categorial del Derecho Administrativo ha quedado insuficiente, por lo que junto a las actividades administrativas de policía, fomento (*aide de l'admi- nistration aux activités privées*) y servicio público, se ha hecho necesario introducir y añadir un nuevo concepto: la noción de *gestión económica*, propuesta en España por Villar Palasí y García de Enterría.[13]

En relación a esto, Langrod ha puntualizado muy exactamente que "es bien conocido que las clasificaciones clásicas, en cuya admiración toda una generación ha sido levantada, no resisten la presión de los hechos. El trastorno reciente de la estructura celular tradicional de las administraciones públicas, trastorno del cual la empresa pública es una de las manifestaciones capitales, transforma de arriba abajo las formas antiguas en función de los cambios de la misión administrativa y, en particular, del progreso de la función de prestación. Las formas nuevas, heterogéneas, no tienen espíritu de simetría ni sentido de proporción, turban el orden tradicional desintegrándolo y descomponiéndolo; quedan incoordinadas, llevan los nombres más diversos, algunas veces engañosos, y no se corresponden con ninguna categoría conceptual preestablecida".[14]

---

11   *Vid.* J. L. VILLAR PALASI, "La Actividad Industrial del Estado en el Derecho Administrativo", *RAP*, N° 3, 1950, pág. 54. En este sentido, por ejemplo, el artículo 97 de la Constitución Venezolana de 23 de enero de 1961, establece: "No se permitirán monopolios. Sólo podrán otorgarse, en conformidad con la ley, concesiones con carácter de exclusividad, y por tiempo limitado, para el establecimiento y la explotación de obras y servicios de interés público. "El Estado podrá reservarse determinadas industrias, explotaciones o servicios de interés público por razones de conveniencia nacional y propenderá a la creación y desarrollo de una industria básica pesada bajo su control. "La ley determinará lo concerniente a las industrias promovidas y dirigidas por el Estado".

12   *Vid.* K. KATZAROV, *Teoría de la Nacionalización (El Estado y la Propiedad)*, Ed. española, México, 1963, pág. 299.

13   *Vid.* J. L. VILLAR PALASI "La Actividad Industrial...", *loc. cit.*, pág. 60; E. GARCIA DE ENTERRIA, "La Actividad Industrial y Mercantil de los Municipios", *RAP*. N° 17, 1955, pág. 118. En contrario, *Vid.* F. GARRIDO FALLA, *Las Transformaciones del Régimen Administrativo*, Madrid, 1954, págs. 140 y sig.

14   *Vid.* GEORGES LANGROD, "L'Entreprise Publique en Droit Administratif Comparé", *RIDC*, París, 1956, pág. 217.

Y es que, en efecto, ante esta nueva realidad, como lo dice el mismo Villar Palasí, cualquier solución que pretenda examinarla a través de las categorías clásicas, conduce inexorablemente a una de estas dos vías: o bien a deformar los antiguos conceptos, quitándoles relevancia y fecundidad, o bien negando que el nuevo hecho encaje en los módulos antiguos, dejándolo fuera del Derecho Administrativo. De ahí las deformaciones de los clásicos conceptos de servicio público y establecimiento público; y, asimismo, de ahí el auge del llamado Derecho Económico.[15]

4. Ahora bien, la construcción sistemática de esa nueva realidad desde el punto de vista del Derecho Administrativo Comparado, es decir, la elaboración del régimen jurídico de las actividades industriales y comerciales de los poderes públicos en el Derecho Comparado tropieza con innumerables dificultades y peligros.

En cuanto a los peligros, es necesario señalarlo expresamente, el análisis comparativo del régimen jurídico de las empresas públicas plantea, con especiales peculiaridades, algunos que trataremos de evitar en todo momento: por un lado, la tendencia casi inevitable a evadirse del Derecho Positivo y pretender resolver las cuestiones desde perspectivas puramente sociológicas, económicas o políticas. Por otra parte, la tendencia, evitable adoptando la postura propia del neutralismo técnico, de decidir los problemas jurídicos con una perspectiva parcial, es decir, para defender una tesis determinada y concreta.[16]

5. Pero aparte de esos peligros que, repetimos, trataremos de evitar en todo momento, el estudio comparativo del régimen de las actividades industriales y comerciales del Estado se encuentra con innumerables problemas.

En primer lugar, el tema, afortunadamente, no ha sido de aquellos descuidados por la doctrina del Derecho Administrativo. De ahí la abundantísima bibliografía sobre la materia,[17] así como los diversos estudios colectivos y comparativos[18]

---

15   *Cfr.* J. L. VILLAR PALASI, "La Actividad Industrial...", *loc. cit.*, pág. 61; *Vid.*, por ejemplo, J. L. DE CORAIL. *La Crise de la Notion Juridique de Service Public en Droit Administratif Français*, París, 1954; R. DRAGO, *Les Crises de la Notion d'Établissement Public*, Paris, 1950; DANIEL MOORE MERINO, *Derecho Económico*, Santiago de Chile, 1962, páginas 45 y sig.

16   *Cfr.* MANUEL MEDINA ORTEGA, "Nacionalizaciones y Acuerdos Globales de Indemnización", *RAP*, N° 40, 1963, pág. 61.

17   *Vid.* La bibliografía citada en la publicación de las Naciones Unidas, ONU. *Some problems in the Organization and Administration of Public Enterprise in the Industrial Field*, Nueva York, 1954. *Vid.*, asimismo, "Bibliographie sur l'Organisation et l'Administration des Entreprises Publiques Dans le Domaine Industriel", *RISA*, 1954; Bibliografía sobre Empresas Públicas con una introducción del profesor ALBERTO VENANCIO FILHO, Separata do *Boletim de Biblioteca de Câmara dos Deputados*, Brasilia. V. 15, N° 2, p. 257 - 302, mayo-agosto 1966.

18   *Vid.* por ejemplo, W. FRIEDMAN, *The Public Corporation: A Comparative Symposium*, Londres, 1954; W. A. ROBSON (ed.), número monográfico de ICE, marzo 1964, sobre *La Empresa Pública; Administration*, Vol. II, N° 1, 1954 (Irlanda), número monográfico

y conferencias y seminarios internacionales[19] a que ha dado lugar. Sin embargo, todo ello, a pesar de proporcionar para un estudio comparado un precioso material, plantea una primera dificultad de orden terminológico que es necesario superar desde un inicio, acogiendo la tendencia generalizada en la doctrina. En efecto, en las líneas sucesivas, cuando se hable de empresa pública, nos referimos a toda manifestación de la actividad industrial y comercial del Estado, y no a una realidad orgánica determinada.

Por otra parte, de todo ese material bibliográfico se deduce que el tema que se va a estudiar presenta la gran dificultad de encontrarnos ante una realidad de una amplitud y una dispersión considerables.[20] Fundándose en lo que se observa actualmente, ha señalado Katzarov,[21] no puede decirse que desde el punto de vista del Derecho Comparado, el legislador haya dado muestras de mucho espíritu de continuidad en la solución aportada al problema de las formas de las nuevas empresas realizadoras de actividades económicas a nombre del Estado. Por ello, se ha dicho, las formas utilizadas por el Estado para desarrollar esas actividades, muestran "un cuadro rico en variedad y en extensión".[22] Por eso, asimismo, en los Estados Unidos se habla de "caos", de la "selva" en la organización administrati-

---

dedicado a algunos problemas de la Empresa Pública; GEORGES LANGROD. "L'Entreprise Publique en Droit Administratif Comparé", *loc. cit.*, págs. 213 y sig.; ELIS HASTAD, Tipos de Industrias Nacionalizadas", *ICE*, marzo 1964, págs. 64 y sig.; M. A. FLAMME, "La Empresa Pública en Derecho Comparado", *Revista del Instituto de Derecho Comparado*, Barcelona, Nos. 16-17, 1961, págs. 7 a 126.

19   *Vid.* A. H. HANSON (éd.), *Public Enterprise; A Study of its Organisation and Management in Various Counties*, Bruselas, 1955 (tomando por base los informes y ponencias redactados para el seminario sobre Organización y Administración de Empresas Públicas de Naturaleza Industrial, celebrado en Rangún, 1954); ONU, *Some problems in the Organization and Administration of Public Enterprise in the Industrial Field* (Documents selected from the material prepared for a United Nation Seminar held in Rangoon from march 15th. to march 26 th., 1954), Nueva York, 1954; Instituto Brasileiro de Ciencias Administrativas, *Seminário Sôbre Organizaçao e Administraçao de Servicios Industriáis do Estado* (Rangum, março de 1954), Editado por la Fundaçao Getúlio Vargas, 2 Vols., Rio de Janeiro, 1962; NIKOLA BALOG, *L'Organisation Administrative des Entreprises Publiques, Instituto Internacional de Ciencias Administrativas, Bruselas*, 1966; *Vid.* sobre esta ponencia general, el comentario de L. Martín-Retortillo Baquer, en *RAP*, № 44, 1964, págs. 325 y sig.

20   *Cfr.* R. DRAGO, "Le Régime des Activités Commerciales et Industrielles des Pouvoirs Publics", en *Etudes de Droit Contemporain* (nouvelle série), París, 1966, págs. 449 y 459; K. KATZAROV, *op. cit.*, pág. 32; M. A. FLAMME, "La Empresa Pública. . ." loc cit., pág. 104.

21   *Vid.* K. KATZAROV, *op. cit.*, pág. 311.

22   *Vid.* ANTONIO BROCHADO DA ROCHA, *Informe de Brasil al IV CIEF*, Actas, Vol. 4, Viena, pág. 99. *Cfr.* A. H. HANSON (ed.), *Public Enterprise; A Study of its Organizations and Management in Various Countries*, cit., *Vid.* en comentario bibliográfico de M. ALONSO OLEA, *RAP*, N° 19, 1956, pág. 355.

va, de la anarquía administrativa,[23] habiendo señalado en Francia, G. Langrod, que "nuestro pensamiento está, en efecto, de tal manera atado a la tradición estructural, que se encuentra con grandes dificultades para acomodarse a la existencia de esos «francotiradores», de carácter semioficial y semiprivado, sin afectación regular y con una cierta libertad de acción, por lo que esas diversas formas, beneficiándose de unos status legales diferentes y establecidos a *casu ad casum*, con frecuencia a título temporal solamente, disponen de toda una gama de grados de autonomía en cuanto a su gestión y a sus finanzas, que no se dejan, sino muy difícilmente, insertar en un cuadro esquemático".[24]

6. Pero unida a todas esas dificultades, el estudio de las actividades industriales y comerciales de los poderes públicos en el Derecho Comparado se topa con otra, relativa a la inevitable descentralización de las mismas en relación a la descentralización de las actividades del Estado. En esta forma, no sólo deben estudiarse las actividades económicas llevadas a cabo por la administración central y, en sus casos, federal, sino también las actividades desarrolladas por las autoridades locales o regionales.

Esta situación se plantea con toda frecuencia en el Derecho Comparado.

En Polonia, por ejemplo, se distingue, examinando la posición de las empresas estatales en la estructura del aparato del Estado, entre las "empresas-llave" y las "empresas locales". Las primeras están dirigidas por los órganos superiores de la administración del Estado y arreglan sus cuentas con el presupuesto central del Estado. Las empresas regionales (comerciales e industriales, de construcción, de transporte, productoras de servicios, etc.), están subordinadas directamente a los órganos locales del poder del Estado (a los consejos populares) y, como consecuencia, arreglan sus cuentas con el presupuesto de los consejos populares respectivos. El criterio de clasificación en empresas-llave y en empresas locales no está, sin embargo, definido estrictamente. Las empresas-llave son, en principio, las unidades que representan un potencial económico considerable y cuyo fin es satisfacer las necesidades sociales más allá del cuadro regional. Para determinar su situación como empresas-llave, se puede tomar en consideración la naturaleza y el volumen de la producción, el número del personal, el equipo técnico, etc.[25]

En Francia, la posibilidad para las colectividades locales de desarrollar actividades comerciales e industriales no ha sido siempre definitiva. En efecto, la Ley de 2-17 de marzo de 1791, tal como la interpretaba el Consejo de Estado, prohibía a las colectividades locales crear empresas económicas, salvo cuando la ley las obligara a ello o las autorizara, o en caso de circunstancias excepcionales, cuando la carencia

---

23   *Cfr.* GEORGES LANGROD, "L'Entreprise Publique...", *loc. cit.*, pág. 217.

24   *Vid.* GEORGES LANGROD, "L'Entreprise Publique...", *loc. cit.*, pág. 217.

25   Vid. ZYGMUNT RYBICKI, "*Le Régime des Activités Commerciales et Industrielles des Pouvoirs Publics*", *en Rapports Polonais presentís au Septième Congrès International de Droit Comparé*, Varsovia, 1966, páginas 265 y 266.

de la iniciativa privada pudiera producir graves consecuencias perjudiciales para la vida de la comuna.[26] Hasta mediados de 1930, el Consejo de Estado francés se hizo, así, el defensor del liberalismo económico en su acepción más estrecha. Sin duda, algunos decretos de 1926 habían autorizado a las comunas a crear servicios económicos en diversos dominios, pero esos textos normativos no impidieron al juez administrativo de mantener su antigua jurisprudencia. Sin embargo, la evolución de las ideas y las necesidades que surgieron a raíz de la crisis de 1930, condujeron al juez a admitir, progresivamente, la creación, por las autoridades locales, de servicios en concurrencia directa con las empresas privadas, con la sola condición de que un interés público estuviese de por medio. La jurisprudencia más reciente va muy lejos en este campo, y admite la creación de un cinema, de una estación de servicios, de un terreno de camping, etc.[27]

En Bélgica, al contrario, quizás la ausencia de un Consejo de Estado hasta 1946 no favoreció la formación de una jurisprudencia protectora de la iniciativa privada ante el dinamismo, algunas veces agresivo, de las empresas públicas; y en cuanto al desarrollo de actividades comerciales e industriales de los entes locales, ello ha sido admitido aun bajo la forma de *associations intercommunales*, autorizadas expresamente por el Parlamento desde 1921.[28]

Por otra parte, en los países de organización federal, como los Estados Unidos,[29] República Federal Alemana,[30] Austria, la U.R.S.S.[31] y Venezuela, se admite que no sólo el poder central o la Federación puede desarrollar actividades económicas, sino que también lo pueden hacer los Estados o países federados y aun los municipios.

---

26   *Cfr.* M. A. FLAMME, "Le Régime des Activités Commerciales et Industrielles des Pouvoirs Publics en Belgique", en *Rapports Belges au VII Congrès International de Droit Comparé, Uppsala, 6-13 Août 1966*, Bruselas, 1966. pág. 430; R. DRAGO. "Lé Régime des Activités...", *loc cit.*, pág. 451.

27   *Vid.* R. DRAGO, "Le Régime des Activités...", *loc. cit.*, pág. 451; Cfi F. FABRE. R. MORIN y A. SERIEYX. *Les Sociétés Locales d'Économie Mixte et leur Contrôle*, Paris, 1964, págs. 13 y sig.

28   *Vid.* M. A. FLAMME, "Le Régime des Activités...", *loc. cit.*, págs. 393 y 430; M. A. FLAMME, "La Empresa Pública...", loc cit., pág. 25.

29   *Vid.* J. N. HAZARD, *Law Regulating the Commercial and Industrial Acti- vity of Public Authorities in the United States of America*, Ponencia para el VII Congreso Internacional de Derecho Comparado (mimeografiada), pág. 1; ALBERT ABEL, "La Corporación Pública en los Estados Unidos" *ICE*, marzo, 1964, pág. 135.

30   *Vid.* KLAUS VOGEL, *Die Wirtschraftliche Betätigung Öffentlicher Verwaltungsträger in Handel und Industrie und ihre Rechtliche Regelung.* Ponencia alemana al VII Congreso Internacional de Derecho Comparado (dactilografiada), págs. 1 y 8.

31   *Vid.* GERHARDT PLÖCHL, *Die Öffentliche Hand als Unternehmer.* Ponencia austríaca al VII Congreso Internacional de Derecho Comparado (dactilografiada), pág. 1; J. N. HAZARD, "Soviet Government Corporation", *Michigan Law Review*, abril 1943, Vol. 41, N° 5, pág. 852.

En España, por último, las corporaciones locales pueden asimismo, paralelamente al Estado, desarrollar actividades comerciales e industriales[32]

Por el contrario, en algunos países, como en Finlandia, la actividad comercial e industrial de las comunas no está admitida. En relación con esto, se ha estimado que la ley municipal obstaculiza los posibles compromisos de las comunas en las empresas comerciales e industriales con fines lucrativos. La ley establece, por ejemplo, que los ingresos de la comuna deben ser empleados para cubrir sus gastos, y esos gastos no son otros que aquellos previstos por la ley, para cubrir las "necesidades de economía general, de orden público, etc." de la comuna; habiéndose interpretado la expresión "necesidades" en el sentido de necesidades de interés general para la comuna, en su cualidad de unidad administrativa. La utilización de los ingresos comunales para fines lucrativos, no ha sido, entonces, admitida en Finlandia, y la Corte Suprema Administrativa ha declarado nulas en diversas oportunidades, las decisiones municipales por las cuales algunas comunas habían suscrito acciones en una empresa industrial y comercial[33]

7. Ahora bien, y evidentemente es un aspecto que no puede pasarse por alto, esa diversidad y dispersión de las formas a través de las cuales los poderes públicos desarrollan sus actividades industriales y comerciales tiene gran parte su raíz, en los diversos orígenes que ha tenido esa actividad estatal.

Generalmente, la asunción de actividades industriales y comerciales por las autoridades públicas ha dependido de una concepción del Estado, es decir, que ella ha reposado sobre motivos políticos. Desde este punto de vista, surge entonces, en los últimos años, como primer origen fundamental de esas actividades, la nacionalización, entendiendo por tal, la operación por la cual la propiedad de una empresa o de un grupo de empresas se transfiere a la colectividad, a fin de sustraerlas de la dirección capitalista, por motivos de interés general.[34]

Aun cuando en el Derecho Comparado se destacan signos claros de nacionalizaciones desde la segunda década del presente siglo, tal como las sucedidas en Rusia y México,[35] sin embargo, la verdadera ola de nacionalizaciones se presenta fundamentalmente en los países de Europa, parcialmente entre las dos guerras, y principalmente en los años que siguieron a la Segunda Guerra Mundial, aun en países como Francia e Inglaterra, que conservaron en principio su estructura liberal;[36] y ello, porque esa guerra, que indudablemente fue el sacudimiento social más

---

32   *Cfr.* FERNANDO ALBI, *Tratado de los Modos de Gestión de las Corporaciones Locales,* Madrid, 1960.

33   *Vid.* TORE MODEEN, *Le régime des activités commerciales et industrielles des pouvoirs publics en Finlande,* Helsinki, 1966, págs. 7 y 8.

34   *Vid.* JEAN RIVERO, *Le Régime des Nationalisations* (Extrait du Jurisclasseur Civil Anexes), 2e. Cahier, París, pág. 1.

35   *Cfr.* K. KATZAROV, *op. cit.,* págs. 58 y 61.

36   *Cfr.* K. KATZAROV, *op. cit.,* pág. 70.

grave experimentado hasta el momento por la humanidad, planteó a los pueblos europeos los más complicados y vastos problemas sociales, económicos y políticos, que no podían ser resueltos sin la intervención directa del Estado.

En cuanto a los Estados de Europa oriental —Bulgaria, Hungría, Polonia, Rumania, Checoslovaquia y Yugoslavia—, debe señalarse que son países que presentan la característica de haber seguido un desarrollo relativamente lento en el pasado y sufrido, asimismo, una fuerte prueba en las dos guerras mundiales. En esto último, al lado de los sucesos políticos, se pueden ver las razones principales que llevaron a esos países a proceder después de 1944, de una manera consecuente y radical, y por consideraciones ideológicas, a una nacionalización casi integral de la vida económica.[37]

En América, aparte del ejemplo de México a partir de 1917 y en 1938,[38] de Argentina[39] y recientemente de Cuba,[40] en que con mayor o menor intensidad las nacionalizaciones se produjeron como consecuencia de criterios políticos, en el resto de los países latinoamericanos la nacionalización o expropiación de empresas se presenta como un hecho aislado. Es más, en países como en los Estados Unidos, aunque no rechazan la participación del Estado en los asuntos económicos, ello no ha tenido su origen en procesos políticos ni ideológicos. "Por ello —dice Hazard—, ninguna Government Corporation en los Estados Unidos, creada por el Congreso Federal o por las legislaturas estatales, ha debido su existencia a pensamientos socialistas de los legisladores; esto a pesar de que algunos ponentes individuales de la Tennessee Valley Authority, en la década de 1930, hayan sido acusados de orientarse hacia el socialismo".[41] Posición similar sostiene Brochado da Rocha en Brasil.[42] En todo caso, en los Estados Unidos, con la Primera Guerra Mundial se inició una época de mayor participación del Estado en la actividad económica, pero siempre sobre la base excepcional de la necesidad momentánea.[43]

En Italia, por otra parte, no se puede hablar sino raramente de nacionalización resultante de una intervención del Estado por razones políticas. La acción del Estado se ha manifestado, al contrario, como una necesidad surgida como

---

37   *Cfr.* K. KATZAROV, *op. cit.*, pág. 80.

38   *Vid.* HÉCTOR CUADRA MORENO, "Teoría de la Nacionalización (Apéndice de Derecho Mexicano)", en K. KATZAROV, *op. cit.*, págs. 626 y 660.

39   *Vid.* K. KATZAROV, *op. cit.* pág. 96. Sobre la nacionalización en Argentina *Vid.* AGUSTÍN A. GORDILLO, *Empresas del Estado*, Buenos Aires, 1966, págs. 57 y sig.; MARCOS KAPLAN, "Significado y Crisis de la empresa pública argentina", *Revista Impuestos*, T. XXV, N° 2, febrero 1967, págs. 99 y sig.

40   *Cfr.* LEO HUBERMAN y PAUL SWEEZY, "Cuba Revisitada" en *La Economía Cubana*, Boletín bibliográfico, Facultad de Economía, Caracas, Año III, N° 14, abril 1961, pág. 134.

41   *Vid.* J.N. HAZARD, *Law Regulating*... cit., pág. 1.

42   *Vid.* ANTONIO BROCHADO DA ROCHA. *Informe del Brasil al IV CIEF, loc. cit.*, vol. IV, pág. 97.

43   *Cfr.* J. N. HAZARD, *Law Regulating*... cit., págs. 2 y 3; H. KOONTZ y R. W. GABLE, *La Intervención pública en la Empresa*, Barcelona 1961, págs. 708 y sig.

consecuencia de una situación económica difícil del país, que ha puesto al Estado en la obligación de intervenir hacia las empresas privadas en dificultad.[44] Esta intervención del Estado se ha manifestado en algunas oportunidades, para evitar la quiebra de grandes empresas, para evitar una situación con graves consecuencias, y no sólo en el campo económico, sino también, y sobre todo, en el plano social y político. En otros casos, la intervención ha sido sugerida por motivos de política económica a fin, por ejemplo, de fortalecer algunos sectores de la economía. En otros casos, además, los móviles de la intervención sólo deben buscarse en necesidades fundamentales que ponen en juego, por ejemplo, la seguridad misma de la nación.[45] Una situación similar a esta surge, por ejemplo, también en Venezuela, Bélgica[46] e Irak.[47]

En Finlandia, asimismo, no se encuentran ejemplos de nacionalización de empresas privadas como medida de autoridad del Estado. Al contrario, éste se ha procurado realmente un lugar importante en la vida económica, mediante la adquisición por su cuenta de empresas privadas existentes, o mediante la fundación de empresas nuevas.[48]

Ahora bien, frente a este fenómeno de las nacionalizaciones, es necesario señalar que si bien en algunos países como, por ejemplo, en Polonia, tuvo una importancia muy grande y aun decisiva, no constituye, sin embargo, en los sistemas socialistas, una condición suficiente para la socialización de los principales medios de producción, ya que el otro elemento indispensable, es la organización de la gestión de esos medios, a fin de que ellos puedan servir directamente al progreso social. Por ello, se repite, al principio del régimen socialista, la nacionalización tuvo, sin duda, una importancia política y económica decisiva, pero, sin embargo, en las etapas siguientes del desarrollo del Estado socialista, la importancia esencial pasa a otros medios que conducen a la socialización de los medios de producción y al aumento de la base económica del sistema socialista.[49]

Esto mismo, en líneas generales, puede plantearse en el Derecho Comparado. Por eso se ha dicho que la hora de las nacionalizaciones ha pasado ya, y hoy, la expansión del sector público se realiza por otros caminos, y fundamentalmente, mediante la creación de empresas aisladas.[50] En este sentido, las empresas públicas,

---

44   *Cfr.* NATALIA GAJL, "Les Entreprises d'Etat en France, en Italia et Pologne", *RISA*, 1961, N° 2, pág. 158.

45   *Vid.* FLAMINIO FRANCHINI, "Aspects Juridiques de l'Intervention de l'Etat dans l'Organisation Économique Italienne", *RDP*, 1957, N° 2, página 231.

46   *Vid.* M. A. FLAMIMIO, "Le Régime des Activités...", *loc. cit.*, págs. 385 a 389.

47   *Vid.* A. K. SAID, Informe de Irak al IV CIEF, *loc. cit.*, Vol. 4, pág. 193.

48   *Vid.* TORE MODEEN, *Le Régime des Activités...*, cit., pág. 6.

49   *Vid.* ZYGMUNT RYBICKI, "Le Régime des Activités...", *loc. cit.*, pág. 263.

50   *Cfr.* TOMAS RAMON FERNANDEZ RODRIGUEZ, "Notas para un Planteamiento de los Problemas Actuales de la Empresa Pública", *RAP*, N° 46, 1965, pág. 113; R. DRAGO, "Le Régime des Activités..." *loc. cit.*, pág. 450.

como acertadamente ha dicho Delion, han entrado ya en las costumbres,[51] lo que unido al ocaso de las nacionalizaciones, ha hecho que el fenómeno de la intervención del Estado en la vida económica se haya despolitizado, al desaparecer la carga ideológica que generalmente las hizo posibles.[52]

8. Por tanto, actualmente, es común la creación *ex nihilo* de empresas estatales, y más frecuente todavía, la participación directa o indirecta del Estado en empresas privadas.[53] Y quizás sea necesario destacar aquí, por su importancia, sobre todo en los países en vías de desarrollo, la participación del Estado en actividades industriales y comerciales, como medio de desarrollo económico; fenómeno que tiene tal importancia que podría hasta caracterizar la actividad de gestión económica de la administración si se tiene en cuenta que, fundamentalmente, aquélla no se realiza generalmente con miras a la obtención de un fin de lucro, sino más bien, positivamente, con miras a contribuir al desarrollo de la economía nacional."[54]

En efecto, tal como lo señala Franchini en relación a Italia, el Estado, con frecuencia, ha tenido por objetivo al intervenir en la vida económica, dar un impulso o una orientación directos a ciertas ramas de la actividad económica que atravesaban una crisis; o bien ejercer directamente una actividad no remunerativa que por ello se encontraba descuidada por la iniciativa privada; o, por último, proteger, por efecto de la aplicación de tarifas a través de empresas en las cuales él tuviera la dirección, el desarrollo de ciertas ramas delicadas de la economía.[55] Otro tanto ha sucedido en Finlandia, y por ello T. Modeen señala que en ese país, el motivo económico de la actividad industrial y comercial del Estado es, generalmente, la penuria más o menos constante de capitales, por lo que no estando la masa de capitales privados en capacidad de llevar el peso de la industrialización del país, ello ha de hacerse con la intervención del Estado; en lugar, entonces, de entregar subvenciones a las empre-

---

51   *Vid.* ANDRÉ G. DELION, *L'Etat et les Entreprises Publiques*, París, 1959, pág. 7.

52   *Cfr.* TOMAS R. FERNANDEZ R., "Notas para un Planteamiento...", *loc. cit.*, pág. 96.

53   *Cfr.* ROLAND DRAGO, "Le Régime des Activités...", loc cit., pág. 451; TORE MODEEN, *Le Régime des Activités...* cit., pág. 6. AGUSTIN A. GORDILLO, *Empresas del Estado*, cit., pág. 66 y sig.

54   *Cfr.* J. L. VILLAR PALASÍ, "La Actividad Industrial..." *loc. cit.*, pág. 72. Sobre las Empresas Públicas para el Desarrollo Económico e Industrial *Vid.* MARCOS KAPLAN, *Países en Desarrollo y Empresas Públicas*, Buenos Aires, 1965; A. H. HANSON, *Le secteur Public dans une économie en voie de développement*, París 1961; del mismo autor, "L'Organisation des Entreprises d'Etat", *RISA*, 1965, N9 2, págs. 107 y sig. Real Instituto de *Administraçao Pública, Organizaçao Administrativa para o desenvolvimento económico*, Rio de Janeiro 1964; Instituto de Estudios Fiscales, Sector Público y Desarrollo Económico, Ministerio de Hacienda, Madrid, 1965; *Vid.* Además, en relación con América Latina las publicaciones del Banco Interamericano de Desarrollo, *Las Instituciones de Fomento y el Desarrollo de América Latina*, Buenos Aires, 1965 e Instituciones Financieras de Desarrollo, Buenos Aires, 1965.

55   *Vid.* FLAMINIO FRANCHINI, "Aspects Juridiques de l'Intervention..." *loc. cit.*, pág. 232.

sas privadas, el Estado ha preferido, frecuentemente, fundar sus propias industrias. En este campo, motivos de política social y sobre todo de política de empleo, se han agregado a las razones económicas, por ejemplo, cuando el Estado ha fundado empresas manifiestamente poco ventajosas en regiones subdesarrolladas con sobrante mano de obra, a despecho de otras condiciones de explotación desfavorables.[56]

Pero si bien hemos señalado que la intervención del Estado en la actividad económica tiene, en los países en vías de desarrollo, una importancia decisiva, como, por ejemplo, en Venezuela,[57] ello no implica que en los países altamente desarrollados e industrializados no se utilice con bastante frecuencia esa intervención, sobre todo como medio de desarrollo regional. Tal es el caso, por ejemplo, de Estados Unidos con la Tennessee Valley Authority, que se estableció con el fin de fomentar el desarrollo en todo el valle de un río, en donde la erosión había provocado desastres y había llevado a comunidades enteras a la pobreza.[58]

En este mismo sentido ha adquirido especial importancia en Francia la política de *aménagement du territoire*, emprendida a partir de 1950, que conlleva el desarrollo integral de una región, y que se lleva a cabo, generalmente, a través de sociedades de economía mixta en primer grado (con participación del Estado o de las colectividades públicas) o en segundo grado (con participación de otras empresas públicas). Se trata, dice R. Drago, en el plan nacional, de sociedades de economía

---

56   *Vid.* TORE MODEEN, *Le Régime des Activités...* cit., pág. 7.

57   En efecto, por ejemplo, la Corporación Venezolana del Petróleo tiene por objeto fundamental "la promoción de empresas con el propósito de desarrollar actividades industriales o comerciales de hidrocarburos" (artículo 2) del decreto N° 260, de 19 de abril de 1960, por el cual se dicta el Estatuto de la Corporación Venezolana del Petróleo, en *Gaceta Oficial* N° 26.234, de 22 de abril de 1966); el Instituto Venezolano de Petroquímica tiene por objeto "el desarrollo de industrias destinadas al aprovechamiento de minerales e hidrocarburos" (artículo 1° del decreto N° 367 de 29 de junio de 1956, por el cual se crea el Instituto Venezolano de Petroquímica, en *Gaceta Oficial* N° 25.091, de 30 de junio de 1956); la Corporación Venezolana de Fomento tiene por objeto "incrementar la producción nacional mediante la promoción de nuevas empresas y la mejora de las existentes, y procurar la mayor diversificación y sistematización de las actividades económicas del país" (artículo 2° del decreto N° 416, de 20 de junio de 1952, por el cual se dicta el Estatuto Orgánico de la Corporación Venezolana de Fomento, en *Gaceta Oficial* N° 23.864, de 21 de junio de 1952), y la Corporación Venezolana de Guayana tiene por objeto principalmente "estudiar, desarrollar y organizar el aprovechamiento del potencial hidroeléctrico del río Caroní; programar el desarrollo integral de la región, conforme a las normas y dentro del ámbito del Plan de la Nación; y promover el desarrollo industrial de la región tanto dentro del sector público como del sector privado" (artículo 7° del decreto N° 430 por el cual se dicta el Estatuto Orgánico del Desarrollo de Guayana, de 29 de diciembre de 1960, en *Gaceta Oficial* N° 26.445, de 30 de diciembre de 1960). *Vid.* Nota N° 495.

58   *Cfr.* J. N. HAZARD, *Law Regulating...*, cit., pág. 3; A. FLAMME, "La Empresa Pública...", *loc. cit.*, pág. 105.

mixta constituidas por la *Caisse des dépóts et consignation*, establecimiento público administrativo que tiene aquí el papel de *banque du plan*, sociedad central de équipement del territorio, sociedad central inmobiliaria, sociedad de estudios para el desarrollo económico y social, etc. Por otra parte, en el plano local, han sido constituidas sociedades mixtas con participación de las sociedades nacionales señaladas y de las colectividades públicas, dando origen a sociedades de *aménagement* o para la revalorización de regiones, sociedades de construcción inmobiliaria, sociedades para la creación y la gestión de mercados de interés nacional, etc.[59]

En Bélgica, asimismo, ha sido una ley de 1959 que estableció medidas especiales para combatir las dificultades económicas y sociales de ciertas regiones, la que ha previsto el otorgamiento de ventajas especiales a ciertas partes del país, o más bien, a las empresas cuyas operaciones de inversión favorezcan la expansión o la reconversión económica de "regiones de desarrollo". En esta forma, la señalada ley autoriza al Estado, a las provincias, a las comunas y a toda persona física o moral de Derecho Privado o de Derecho Público, a constituir en cualquier región del país, *sociétés d'équipement économique* regional, cuyo objeto es afectar terrenos para fines industriales, dotarlos, equiparlos y construir en ellos edificaciones industriales o artesanales, y vender, conceder o arrendar estos terrenos y construcciones a personas físicas o morales de Derecho Privado, con la obligación para éstas, de utilizarlos para los fines para los cuales han sido arreglados.[60]

Una política similar, pero en el campo del desarrollo industrial lleva a cabo, por ejemplo, en Alemania, el Instituto de Crédito para la Reconstrucción (Die Kreditanstalt für Wiederanfbav), el Banco Alemán Inmobiliario y de la Construcción (Die Deutsche Banund Boden Bank A. G.), así como otros institutos bancarios.[61]

Por último, y en relación también a la importancia en los países socialistas del desarrollo económico como objetivo de la intervención del Estado en la vida económica, es necesario señalar con Rybicki que, conforme a los principios generales del régimen socialista, la tarea principal del Estado al concentrar las atribuciones de propietario de los medios fundamentales de producción, consiste en asegurar el desarrollo económico del país y crear las bases económicas apropiadas para desarrollar y promover la cultura y la industrialización de toda la sociedad.[62]

Ahora bien, frente a todo lo dicho anteriormente, es necesario observar que la diversidad de formas y facetas bajo las cuales el Estado desarrolla en el Derecho Comparado su actividad industrial y comercial, evidentemente no obedecen al capricho de los legisladores, sino que, en realidad, responden por lo general, a distin-

---

59   *Vid.* R. DRAGO, "Le Régime des Activités...", *loc. cit.*, pág. 459.

60   *Vid.* M. A. FLAMME, *La Régime des Activités Commerciales et Industrielles des Pouvoirs Publics en Belgique.* Ponencia al VII Congreso Internacional de Derecho Comparado (mimeografiada), págs. 86 y 87.

61   Vid. KLAUS VOGEL, *Die Wirtschaftliche...*, cit., págs. 15 y sig.

62   *Vid.* KLAUS VOGEL, *Die Wirtschaftliche...*, cit., págs. 15 y sig.

tos objetivos, a diferentes tradiciones de uno u otro país y al distinto predominio de los fines públicos frente a los intereses privados en el momento de su creación que no ha sido simultánea en todo el mundo ni para todos los organismos, o empresas dentro de cada país.[63] En esta forma, y visto desde otro ángulo, tal como apunta Katzarov, las iniciativas en materia de nacionalizaciór han sido tomadas en lugares tan opuestos en cuanto al factor geográfico, social y político (U.R.S.S., Europa oriental, América del Sur, Irán), en campos de aplicación tan diversos (industria, comercio, agricultura), y finalmente bajo formas tan diferentes (nacionalización total, o paralela a la iniciativa privada, o bien complementaria a ésta), que es en verdad muy difícil establecer hoy con claridad y concretamente las grandes líneas de un derecho en vigor[64] en forma comparativa.

9. Pero el estudio comparativo de las empresas públicas se dificulta aún más, si constatamos la existencia de una realidad en el Derecho Comparado, que para nuestro análisis tiene una esencial repercusión: el hecho de que en líneas generales los sistemas económicos y jurídicos actuales puedan dividirse en dos grandes categorías: el sistema de estructura liberal y el sistema de economía planificada o socialista, aun cuando entre los dos existan gran cantidad de estadios intervencionistas. En efecto, teóricamente, las posturas que tratan de explicar la actitud inicial que el Estado debe adoptar en orden a la satisfacción de las necesidades del grupo social, son fundamentalmente tres: la individualista, la socialista y la intervencionista. El individualismo parte de la creencia de que el Estado debe limitarse sólo y exclusivamente al mantenimiento del orden público, condición indispensable para que puedan desarrollarse libremente las relaciones económico-sociales. Como contrapunto de la anterior, la postura socialista tiende a una confusión entre los fines de la sociedad y los fines del Estado, lo que no es sino una consecuencia de la integración de la primera en el segundo. Finalmente, como postura intermedia, es necesario hacer referencia al intervencionismo, que más que una fórmula apriorística, es la consecuencia de las sucesivas correcciones que las exigencias de la realidad han ido imponiendo al Estado abstencionista y liberal del siglo XIX. El intervencionismo, pues, admite grados: un intervencionismo muy acentuado puede ser socialismo mientras que el liberalismo no es sino la escasez de medidas interventoras. [65]

En esta forma, en países de estructura liberal, la acción del Estado se viene extendiendo generalmente, y salvo los supuestos de nacionalización antes señalados, según el principio de la subsidiariedad, que tiene como presupuesto la insuficiencia o defecto de la iniciativa privada, que con las correcciones de rigor sigue siendo la piedra angular del sistema.[66] En este sentido, Hazard ha indicado que en los Estados

---

63   *Vid.* ZYGMUNT RYBICKI, "Le Régime des Activités...", *loc. cit.*, pág. 261.

64   *Vid.* K. KATZAROV, *op. cit.*, pág. 45.

65   *Cfr.* FERNANDO GARRIDO FALLA, "Las Empresas Públicas", *loc. cit.* págs. 115 y 116.

66   *Cfr.* TOMAS R. FERNÁNDEZ R., "Notas para un Planteamiento...", *loc. cit.*, págs. 111 y 112; FRANCISCO LABADIE OTERMÍN, "Problemática de la Empresa Pública", *loc. cit.*, pág. 172.

Unidos, el gobierno ha entrado en la actividad económica, porque era económicamente conveniente el hacerlo en ciertos casos en los cuales la empresa privada no quería o no podía realizar una función necesaria.[67] Por el contrario, en un Estado socialista podemos considerar como principios comunes para todo el sistema de la gestión de la economía nacional, los siguientes: la socialización de los principales medios de producción, permitiendo organizar las formas sociales de gestión de estos medios; el sistema de la gestión de la economía nacional fundada sobre el principio de la dirección planificada del conjunto de los procesos económicos realizados por el Estado, utilizando métodos de acción directa e indirecta; la adopción de los referidos métodos de acción, de forma tal que aseguren la participación de los productores en las decisiones esenciales concernientes a la fijación de los objetivos económicos y de las maneras de su realización, al empleo de los beneficios de la producción, a las condiciones de trabajo, etc. Así, a fin de realizar las tareas fundamentales del Estado socialista es indispensable que los medios fundamentales de producción sean socializados, entendiéndose por estos medios fundamentales aquellos cuya propiedad influye de una manera decisiva sobre el conjunto del régimen sociopolítico.[68]

En esta forma, la diferencia esencial que existe, por ejemplo, entre la organización y las formas jurídicas del sector público en Francia y en Italia en relación con lo que sucede en Polonia, resulta entonces de las diferencias entre las estructuras políticas de estos países: la estructura de Polonia y, en general, de los países socialistas, está basada sobre la socialización de los medios de producción, de cambio, de consumo y de crédito. A la nación pertenecen todas las riquezas del subsuelo, aguas, bosques, minas, vías de comunicación, establecimientos industriales del Estado, explotaciones agrícolas del Estado y centros del Estado de mecanismos agrícolas, y empresas comerciales del Estado. En Francia y en Italia, y en general en los países de régimen liberal, al contrario, la mayor parte de las empresas está en manos de los particulares; en estos países el sector público es creado especialmente por razones de interés general, y, en comparación quizás con las empresas privadas, su dominio es bastante restringido. En Polonia, la situación es contraria: las empresas privadas son poco numerosas y no juegan un papel en la economía del país, pues las empresas que no fueron tocadas por la nacionalización fueron sólo aquellas que no ocupaban más de cincuenta trabajadores, y que, por tanto, no tenían importancia económica.[69]

Sin embargo, ello es cierto, el régimen económico de tipo liberal puro ha sido abandonado en la mayoría de los Estados occidentales por lo que, aun cuando la economía planificada sea característica de los Estados socialistas, ello no implica

---

67   *Vid.* J. N. HAZARD, *Law Regulating...*, cit., pág. 1.

68   *Cfr.* ZYGMUNT RYBICKI, Le Régime des Activités...", *loc. cit.*, pág. 262; V. KNAPP, "Quelques Remarques au Sujet des Entreprises Nationales en Tchécoslovaquie", *RDP*, 1961, N° 4, págs. 737 y sig.

69   *Cfr.* NATALIA GAJL, "Les Entreprises d'Etat...", *loc. cit.*, pág. 163.

que en los Estados no socialistas no se conozca la planificación económica. Pero, evidentemente, hay una diferencia esencial entre la planificación en una política intervencionista y el sistema de la economía planificada: el intervencionismo permanece siempre como un medio auxiliar y complementario en la gestión económica, donde la influencia de los derechos del mercado juega un papel preponderante; por el contrario, la economía planificada, gracias a la propiedad social de los medios de producción, ofrece para el Estado, mayores posibilidades de dirección y de gestión económica reales y completas.[70]

En todo caso, aun cuando en este punto acentuemos nuestro neutralismo técnico, esa realidad nos sitúa, como dice Garrido Falla, ante "una de las más grandes controversias ideológicas en que se halla empeñada la sociedad de nuestro tiempo": [71] así, buena parte de la defensa del liberalismo económico se basa en la acusación de "ineficiencia productiva" que suele observarse en muchas de las empresas públicas que en los últimos tiempos han sido creadas por gobiernos socialistas o intervencionistas, mientras que los defensores del principio de la política nacionalizadora, despreciando este argumento "materialista", defienden sus posiciones atacando las injusticias del régimen capitalista a base de empresas privadas.[72] En todo caso, la constatación de esas diversas realidades y estructuras de los sistemas políticos y económicos contemporáneos, nos hace pensar con Lorenzo Martín-Retortillo, que las diferencias que en cuanto al planteamiento constitucional de la economía ofrecen los diversos países, dificulta enormemente la adopción de criterios unitarios en esta materia.[73]

10. Sin embargo, a pesar de las diferencias de estructura política y económica de los países respectivos,[74] y a pesar de todas las diferencias y dificultades antes anotadas en relación a la precisión de un régimen más o menos unitario de las actividades industriales y comerciales, es necesario señalar que, en general, algunos de los problemas y las dificultades que se encuentran en relación a las mismas son comunes, con la aclaratoria, sin embargo, de que si bien todas esas actividades estatales presentan la peculiaridad de estar sometidas en mayor o menor grado al Derecho Privado y Comercial,[75] no puede decirse que su régimen jurídico sea totalmente unitario. Por eso se ha dicho que está condenado al fracaso todo intento

---

70   *Cfr.* ZYGMUNT RYBICKI, "L'Entreprise Publique dans le Système Polonais de l'économie planifiée", *RISA*, 1962, N° 3, pág. 313.

71   *Vid.* FERNANDO GARRIDO FALLA, "Las Empresas Públicas", *loc. cit.* pág. 125.

72   *Cfr.* FERNANDO GARRIDO FALLA, "Las Empresas Públicas", *loc. cit.*, pág. 125.

73   *Vid.* LORENZO MARTIN-RETORTILLO BAQUER, "La Table Ronde de Varsovia del Instituto Internacional de Ciencias Administrativas", en *RAP*, N° 44, 1964, pág. 326.

74   *Cfr.* NATALIA GAJL, "Les Entreprises d'Etat en France, en Italie et en Pologne", *loc. cit.*, pág. 153.

75   *Cfr.* M. S. GIANNINI, "Sobre las Empresas Públicas", *RFD*, N° 28, 1964, pág. 16; G. LANGROD, "L'Entreprise Public...", *loc. cit.*, pág. 226; R. DRAGO, "Le Régime des Activités...", *loc. cit.*, pág. 455.

dirigido a un tratamiento uniforme de todos los problemas de las empresas públicas, siendo necesario, en consecuencia, prescindir del rigor conceptual y atender preferiblemente a las diversas realidades que bajo la expresión "empresas públicas" se encuentran.[76]

Y, en efecto, es la existencia de diversas formas jurídicas a través de las cuales el Estado desarrolla esas actividades, lo que surge como primer elemento de interés para un estudio comparativo; formas que varían desde la gestión directa por el Estado de actividades económicas, hasta la creación de sociedades mercantiles para ello. Por eso, Natalia Gajl ha señalado que entre las empresas creadas por los Estados, se puede, en todas partes, distinguir, por un lado, aquellas que son gestionadas directamente por la administración pública según los mismos métodos tradicionales que eran empleados antes de la Segunda Guerra Mundial; y por el otro, las empresas del Estado que son administradas como organismos jurídicamente distintos de la administración pública, con personalidad moral propia, propios fondos de financiamiento y propia gestión, etc.[77]

Por tanto, la primera parte de nuestra labor comparativa va a ser realizada a través del estudio de las diversas formas jurídicas utilizadas por el Estado para desarrollar sus actividades industriales y comerciales; y ello porque consideramos que para el estudio de esas actividades estatales pueden seguirse fundamentalmente dos criterios: o el análisis ex re de tal actividad en su materialidad, o el examen estructural de la organización a través de la cual se verifica la gestión misma. Consideramos, con Villar Palasí, que este segundo criterio, que se centra alrededor de las formas de las empresas, es el indicado para el Derecho Administrativo, pudiendo ser el primero propio de los economistas. [78]

Pero, la existencia de diversas formas jurídicas autónomas respecto al Estado, sea en cuanto a la personalidad, al patrimonio o el Tesoro,[79] y que dan origen a entes separados en mayor o menor intensidad de la actividad administrativa ordinaria, da lugar a un segundo elemento de gran utilidad para el análisis comparativo, y es el del control que el Estado ejerce sobre esas diversas formas jurídicas. Por ello, el verdadero alcance que puede darse a la constatación de diversas formas jurídicas con mayor o menor grado de autonomía y libertad va a depender del mayor o menor control que ejerza el Estado ante ellas.[80]

---

76   *Vid.* TOMAS R. FERNÁNDEZ R., "Notas para un Planteamiento...", *loc. cit.*, 100; *Cfr.* AGUSTÍN A. GORDILLO, *Empresas del Estado*, cit., págs. 13 y 73 y sigts.

77   *Vid.* NATALIA GAJL, Les Entreprises d'Etat en France, en Italie et en Pologne", *loc. cit.*, pág. 153.

78   *Vid.* J. L. VILLAR PALASI, "La Actividad Industrial del Estado...", *loc. cit.*, pág. 74.

79   *Cfr.* SANTIAGO MARIN MARIN, *Aspectos de la Administración Pública Autonómica* (Separata), Madrid, pág. 253.

80   *Cfr.* ERNST FORSTHOFF, *Tratado de Derecho Administrativo* (edic. española), Madrid, 1958, pág. 667; M. A. FLAMME, "La Empresa Pública...", *loc. cit.*, pág. 122.

Por tanto, la segunda parte de nuestro estudio comparativo va a versar sobre las diversas formas de control que ejerce el Estado o la comunidad sobre las diversas formas jurídicas que la administración utiliza para desarrollar sus actividades comerciales e industriales.

Por último, y una vez hecho eso, terminaremos este estudio comparativo con las diversas conclusiones que nos surjan a través de este.

SEGUNDA PARTE

LAS FORMAS JURÍDICAS DE LAS EMPRESAS PÚBLICAS

> *"Il est bien connu que les classifications classiques, dans l'admiration desquelles toute une génération a été élevée, éclatent par suite de la pression des faits. Le bouleversement récent de la structure céllulaire traditionnelle des administrations publiques, bouleversement dont l'entreprise publique est une des manifestations capitales, transforme de fond en comble les formes anciennes, en fonction des changements de la mission administrative et en particulier de l'essor de la fonction prestatrice. Les formes nouvelles, hétérogenes, manquent d'espirit de symétrie et de sens de proportions, troublent l'ordre traditionnel en le désintégrant et en le décomposant; elles restent incoordonnées, portent les noms les plus divers, parfois trompeurs, et ne correspondent à aucune catégorie conceptuelle préétablie".* Georges Langrod, "L'entreprise publique en Droit Administratif Comparé", en la Revue Internationale de Droit Comparé, Paris, 1956, N° 2, pág. 217.

I. INTRODUCCIÓN

11. Santiago Marín Marín, al hablar de la realidad autonómica del Estado, centra la sinopsis de sus múltiples supuestos en un centro de gravedad primario: la personalidad. Se comprueba fácilmente, señala, que en la inmensa órbita de la acción autonómica hay algo que es común al ser o no ser de las autonomías. Ese algo, con signo positivo o negativo, se refiere a la esencia subjetiva o acéfala de la aparición. De tal suerte, sobreviene en línea lógica la exigencia de una clasificación primordial e ineludible: autonomías con personalidad y autonomías sin personalidad.[81]

Pues bien, *mutatis mutandi*, la misma clasificación, asimismo primordial e ineludible, se plantea en el estudio del régimen de las actividades industriales y comerciales del Estado, íntimamente, ligado, por otra parte, a la problemática de

---

81   *Vid.* SANTIAGO MARIN MARÍN, *Aspectos de la Administración Pública Autonómica,* cit., pág. 270; *Cfr.* M. A. FLAMME, "Le Régime des Activités...", *loc. cit.,* pág. 389.

43

las autonomías. De ahí que nuestro análisis de las diversas formas a través de las cuales los poderes públicos desarrollan sus actividades industriales o comerciales, sea necesario hacerlo en dos partes claramente delimitadas: actividades industriales o comerciales realizadas por el Estado directamente; y actividades similares realizadas por los poderes públicos a través de entes dotados de personalidad jurídica propia y distinta de la del Estado.

12. Esta, por otra parte, es la tendencia general en el Derecho Comparado. En efecto, Katzarov, al hablar comparativamente de las soluciones que han sido aplicadas prácticamente en relación a la participación del Estado en la producción, señala las siguientes: En primer lugar, el Estado como tal, es decir, como persona jurídica de Derecho Público, puede dedicarse a una actividad económica; en este caso, los diferentes departamentos ministeriales o sus servicios emplean constantemente esta facultad dentro del marco de sus atribuciones normales. Pero, además, el Estado puede también dedicarse a una actividad económica, confiriendo la autonomía administrativa y presupuestal a una u otra división de su actividad económica, transformándola en un servicio público independiente, pero sin personalidad separada. En segundo lugar, la actividad económica del Estado puede ser desplegada por medio de personas jurídicas especiales, independientes de la persona jurídica del Estado, a las que atribuye el ejercicio de una de sus actividades económicas. En tercer lugar, el Estado puede también crear empresas mixtas dándoles la forma de sociedades de Derecho Privado.[82]

En Francia, aun cuando las diversas formas jurídicas utilizadas por el Estado para desarrollar sus actividades industriales y comerciales alcanzan hoy una extrema diversidad, se pueden distinguir, sin embargo, cuatro formas especiales: la *régie industrielle*, el establecimiento público industrial y comercial, la sociedad nacional y la sociedad de economía mixta. En relación a estas formas, R. Drago señala que las tres últimas categorías son con frecuencia reagrupadas en una categoría única, la de las "empresas públicas"; pero considera que esta noción es más económica que jurídica, aun cuando poco a poco aparecen elementos comunes que originarán quizás, algún día, el nacimiento de una nueva categoría jurídica.[83] En todo caso, el elemento primario que caracteriza a esas tres últimas categorías frente a la *régie industrielle*, es que están dotadas de personalidad jurídica, de Derecho Público o de Derecho Privado, distinta de la personalidad del Estado.

En Austria y Alemania, se habla de empresa pública cuando la misma es mantenida por la administración pública y ello es posible de tres maneras distintas: como empresa fiscal o de gestión directa sin personalidad jurídica propia; como institución pú-

---

82 *Vid.* KATZAROV, *op. cit.*, pág. 300; *Cfr.* como se vio anteriormente, NATALIA GAJL, "Les Entreprises d'Etat en France, en Italie et en Pologne", *loc. cit.*, pág. 153; asimismo, Naciones Unidas, *Manual de Administración Pública* (61-11. H.-2), Nueva York, 1962, págs. 87 y 88; M. A. FLAMME. "La Empresa Pública...", *loc. cit.*, pág. 119.

83 *Cfr.* R. DRAGO, "Le Régime des Activités...", *loc. cit.*, pág. 452; NATA LIA GAJL, "Les Entreprises d'Etat en France, en Italie et en Pologne", *loc. cit.*, pág. 156; PIERRE DU PONT. *L'Etat Industriel*, París, 1961, pág. 59.

blica con capacidad de Derecho, detrás de la cual se encuentra un sujeto administrativo en calidad de entidad madre; y como sociedad con capacidad de derecho privado.[84]

Asimismo, en Bélgica se distingue entre los servicios no personalizados a través de los cuales el Estado desarrolla sus actividades industriales y comerciales directamente, y los servicios personalizados (*régie d'Etat*, establecimientos públicos estatales, asociaciones o sociedades de Derecho Público) dotados de personalidad jurídica distinta de la del Estado.[85]

En Inglaterra, el uso del término empresa pública en sentido amplio, abarca tres tipos principales a través de los cuales el Estado desarrolla sus actividades económicas: en primer lugar, la administración directa de la empresa por un Departamento gubernamental; en segundo lugar, la sociedad mercantil (*Company Law*) controlada por un organismo público que aparece como accionista principal; y, por último, la corporación pública (*Public Corporation*) propiamente dicha que, no obstante su novedad, es sin duda el más importante tipo de empresa pública que se ha desarrollado en los países de la Comunidad británica.[86] Situación similar se presenta, en general, en los países de Asia y del Lejano Oriente.[87]

En Italia, la situación es asimismo parecida. Giannini distingue tres categorías fundamentales: la primera categoría de empresas públicas, que cronológicamente es la más antigua, está constituida por órganos de entes públicos con funciones esencialmente administrativas, que son calificados por la ley como órganos gestores de empresa; la segunda categoría es la de los entes públicos económicos, que estructuralmente no difieren de un ente público común; y la tercera categoría está constituida por las empresas que hoy se prefiere llamar en participación pública, porque pueden ser tanto sociedades comerciales en las cuales el ente público participa con el carácter de socio, como de entes de Derecho Privado que no tienen participaciones por acciones, sino participaciones por cuotas, o sea, no tienen accionistas, sino titulares de cuotas.[88]

---

84   *Cfr.* GERHARDT PLÖCHL, *Die Öffentliche...*, cit., pág. 2; KLAUS VOGEL, *Die Wirtschaftliche...*, cit., págs. 2, 3 y 4; ERNST FORSTHOFF, *op. cit.*, pág. 622; W. GERLOFF y FRITZ NEWMARK, *Tratado de Finanzas* (edic. española), Tomo II, Buenos Aires, 1961, págs. 153 a 164; PIERO VERRUCOLI, "Consideraciones Jurídico-Mercantiles sobre las Empresas en Mano Pública", *RAP*, N" 3, 1950, pág. 162; *Informe de la República Federal de Alemania al IV CIEF, loc. cit.*, Tomo 4, pág. 137.

85   *Vid.* M. A. FLAMME, "Le Régime des Activités...", *loc. cit.*, págs. 389 a 394; M. A. FLAMME, "La Empresa Pública...", *loc. cit.*, págs. 12 y sig.

86   *Cfr.* W. FRIEDMAN, "A Theory of Public Industrial Enterprise", en A. H. HANSON (edit.) *Public Enterprise, a Study of its Organization and Management in Various Countries*, cit., págs. 15 y 16, cit. por F. GARRIDO FALLA, "Las Empresas Públicas", *loc. cit.*, pág. 128; LAUREANO LÓPEZ RODÓ, "Las Empresas Nacionalizadas en Inglaterra", *RAP*, N° 3, 1950, pág. 380; M. A. FLAMME, "La Empresa Pública...", *loc. cit.*, págs. 82 y 86.

87   *Vid.* ONU, *Some Problems in the Organization and Administration of Public Enterprises in the Industrial Field*, Naciones Unidas, Nueva York, 1954.

88   *Vid.* M. S. GIANNINI, "Sobre las Empresas Públicas", *loc. cit.*, págs. 17 a 20; *Cfr.* M. S. GIANNINI, *Le Régime des Activités Commerciales et Industrielles des Pouvoirs Publics en*

En España, las diversas formas jurídicas de gestión o explotación de las empresas públicas son clasificadas así: gestión por un ente público de naturaleza político-territorial; gestión por un ente público expresamente creado para el ejercicio de la empresa; y gestión por una sociedad mercantil, en la cual tienen participación total o parcial el Estado u otro ente de Derecho Público. [89] Esta clasificación se corresponde, en líneas generales, con la que de los entes autónomos trae la Ley sobre el Régimen Jurídico de las Entidades Estatales Autónomas de 26 de diciembre de 1958, en la siguiente forma: en primer lugar, los organismos autónomos con personalidad jurídica propia y patrimonio independiente del Estado; en segundo lugar, los servicios administrativos sin personalidad jurídica que tengan a su cargo la administración y distribución de fondos que, aunque provengan de los presupuestos generales del Estado, no aparezcan en ellos especificados y clasificados por capítulos, artículos y conceptos; y en tercer lugar, las empresas nacionales. [90]

Por otra parte, situación similar a la anteriormente descrita y en especial a la existente en los diversos Derechos de Europa continental (Francia, Alemania, Italia y España), se presenta en la República Árabe Unida,[91] Indonesia,[92] Irak[93] y en los países de América Latina, por ejemplo, Brasil,[94] Argentina,[95] Uruguay y Venezuela.[96]

Italie, Extrait de Annuario di Diritto Comparato e di Studie Legislativi, Vol. XL (1966), fase. 1, págs. 3 y sig.; NATALIA GAJL, "Les Entreprises d'Etat en France, en Italie et en Pologne", *loc. cit.* págs. 158 y 159; PIERO VERRUCOLI, "Consideraciones Jurídico-Mercantiles sobre las Empresas en Mano Pública", *loc. cit.*, página 163. GIUSEPPINO TREVES, "Las Empresas Públicas en Italia" en *Documentación Administrativa*, N° 100, Madrid 1966, págs. 218 y sigts.

89   *Vid.* MANUEL BROSETA PONT, "La Sociedad Anónima Pública Unipersonal como Instrumento de la Actividad Económica del Estado," en *Ponencias Españolas, VII Congreso Internacional de Derecho Comparado*, Barcelona 1966, pág. 495. *Vid.* asimismo, S. MARTÍN-RETORTILLO BAQUER, "Organización Administrativa de las Empresas Públicas en España", *RISA*, 1966, N° 1, págs. 1 y 2; CRUZ MARTINEZ ESTERVELAS, "La Empresa Pública v Mixta", en el libro *Reforma de la Empresa* (A. C. N. de P.), Madrid, 1964, págs. 317 y sig.; F. GARRIDO FALLA, "Las Empresas Públicas", *loc. cit.*, págs. 132 y sig.; J. L. VILLAR PALASI, "La Actividad Industrial del Estado...", *loc. cit.*, págs. 92 y sig.

90   *Vid.* FERNANDO GARRIDO FALLA, *Tratado de Derecho Administrativo*, Vol. II, Madrid, 1962, pág. 318, nota N° 19.

91   *Vid.* MOHAMMED TAWFIK YOUNES, *Informe de la República Arabe Unida al IV CIEF*, loc cit., Vol. IV, págs. 15 y 17.

92   *Vid. Informe de la General Auditing Court al IV CIEF, loc. cit.*, Vol. IV, pág. 189.

93   *Vid.* A. K. SAID, *Informe de Irak al IV CIEF, loc. cit.*, Vol. IV, pág. 193.

94   *Vid.* ROGERIO DE FREITAS, *Informe Brasileño I al IV CIEF, loc. cit.*, Vol. IV, págs. 61 y 77; ANTONIO BROCHADO DA ROCHA, *Informe Brasileño II al IV CIEF, loc. cit.*, Vol. IV, págs. 101 y 125.

95   *Vid.* AGUSTIN A. GORDILLO, *Empresas del Estado*, cit., págs. 73 y sig., MIGUEL S. MARIÉNHOFF, *Tratado de Derecho Administrativo*, Tomo I, Buenos Aires, 1965, págs. 429 y sig.

96   *Vid.* ELOY LARES MARTINEZ, *Manual de Derecho Administrativo* Caracas, 1963, págs. 184, 186, 264 y 437.

En Finlandia, los regímenes jurídicos de las empresas comerciales e industriales del Estado, son aproximadamente de tres tipos diferentes: 1) Según la ley del 13 de mayo de 1931, servicios públicos industriales del Estado, sin personalidad jurídica o dotados de personalidad; 2) Según la ley sobre sociedades por acciones, de 2 de mayo de 1895, sociedades en las cuales el Estado es accionista mayoritario, sean de un tipo estático especial, sean del tipo corriente de sociedades, y 3) Régimen jurídico específico de Derecho Público de las empresas del Estado.[97]

Por último, constituye un aporte estimable en esta materia, los trabajos de la Comisión designada por el Gobierno sueco en 1954 para el estudio de la sistematización económica, que tuvo que investigar el status nacional de los siguientes países: Suecia, Noruega, Dinamarca, Yugoslavia, Países Bajos, Inglaterra, Estados Unidos y U.R.S.S. El resultado de esta encuesta fue publicado por Elis Hastad, profesor de la Universidad de Estocolmo,[98] apareciendo del esquema las siguientes figuras: l) Departamentos gubernativos de actividad comercial (por ejemplo, correos, telégrafos, ferrocarriles); 2) Administraciones estatales instituidas para actividad económica (por ejemplo, la *Tennessee Valley Authority*, la *Panama Canal*; 3) *Public Corporation*; y 4) *State Company*, entre las que distingue, las que son de absoluta propiedad del Estado, aquellas en las que el Estado tiene una parte de acciones o de control, y las que se constituyen para adquirir, dirigir o administrar sociedades controladas.

13. Ahora bien, en base al panorama anteriormente visto de la situación en el Derecho Comparado, es necesario, como hemos señalado, para estudiar las diversas formas jurídicas utilizadas por los poderes públicos para desarrollar sus actividades industriales o comerciales, poner el centro de gravedad del problema en la personalidad, y así analizar, por una parte, el régimen de esas actividades cuando son realizadas por la administración directamente; y por la otra, el régimen de dichas actividades económicas cuando son realizadas por entes dotados de personalidad jurídica, distinguiendo aquí, los diversos tipos de entes autonómicos utilizados.

De esta manera estudiaremos en primer lugar, las múltiples formas indiferenciadas a través de las cuales el Estado realiza directamente actividades industriales o comerciales; y que van desde el empleo de los órganos burocráticos tradicionales hasta la formación de autonomías exclusivamente patrimoniales. En segundo lugar, analizaremos las variadas formas que, con personalidad jurídica y patrimonio propios y distintos del Estado, los poderes públicos utilizan para el desenvolvimiento más o menos ágil de sus actividades económicas. Estas formas, según el menor

---

97   *Vid.* TORE MODEEN, *Le Régime des Activités...*, cit., pág. 8.

98   *Vid.* en Swedish State Research, 6 y 24, 1956, bajo el título de "Statsagda Foretag i Utlandet" ("State Enterprise Abroad"), cit. por S. MARÍN MARÍN, *Aspectos de la Administración Pública Autonómica*, cit., págs. 269 y 270. *Vid.*, asimismo, ELIS HASTAD, "Tipos de Industrias Nacionalizadas", *ICE*, Madrid, marzo 1964, págs. 63 y sig. En relación con los Países Bajos *Vid.* M. A. FLAMME, "La Empresa Pública...", *loc. cit.*, páginas 31 a 37.

o mayor grado de autonomía, van desde la <u>Régie d'Etat</u> belga, pasando por los establecimientos públicos, las *Public Corporations* o *Government Corporations* y las Empresas del Estado de los países socialistas, hasta las sociedades mercantiles de capital público o de capital mixto.

II. EL RÉGIMEN JURÍDICO DE LAS ACTIVIDADES INDUSTRIALES Y CO-MERCIALES DESARROLLADAS POR EL ESTADO DIRECTAMENTE

> *"Hay también industrias monopolizadas por razones de utilidad general, a saber, la fabricación de la moneda, el laboreo de las minas pertenecientes al Estado, la elaboración y venta de los efectos estancados, el servicio de correos, etc. En estos casos, el monopolio nada tiene de común con el sistema reglamentario, pues sólo pretende el Gobierno reservarse el derecho exclusivo de ejercer un ramo de industria de extrema confianza o de pingüe rendimiento, considerándolo como un servicio público o una renta del Estado".* M. COLMEIRO, Elementos del Derecho Político y Administrativo de España, Madrid, 1865, pág. 347.

1. INTRODUCCIÓN

14. Cuando las entidades públicas iniciaron sus balbuceos en el campo de la actividad económica, ésta vino evidentemente a encomendarse a los órganos burocráticos tradicionales. En esta forma surgió en el Derecho francés la explotación en régie, es decir, las *régies industrielles et commerciales*,[99] en el Derecho alemán y austríaco las *Regie betrieb o las Eigenbetrieb*,[100] en el Derecho español las "empresas propias" o "servicios administrativos sin personalidad jurídica que tienen a su cargo la administración y distribución de fondos",[101] y en el Derecho venezolano los "establecimientos industriales de la nación".[102]

Se trata de servicios públicos industriales y comerciales, gestionados directamente por el Estado o las colectividades públicas y que no tienen personalidad moral.[103]

Ahora bien, se ha señalado insistentemente que cuando el servicio concreto tenga carácter económico, es inadecuada la fórmula de la gestión directa; y ello porque, en general, la organización burocrática no ha surgido en el Estado moderno para realizar actividades de esta especie, ya que generalmente, en este campo,

---

99   *Cfr.* ROLAND DRAGO, "Le Régime des Activités...", *loc. cit.*, pág. 452.

100   *Cfr.* KLAUS VOGEL, *Die Wirtschaftliche...* cit., pág. 3; GERHARDT PLÖCHL, *Die öffentliche...*, cit., pág. 3.

101   *Cfr.* FERNANDO GARRIDO FALLA, "Las Empresas Públicas", *loc. cit.*, pág. 133.

102   *Vid.* Ley Orgánica de la Hacienda Pública Nacional de Venezuela, Art. 42, ordinal 2°.

103   *Cfr.* R. DRAGO, "Le Régime des Activités...", *loc. cit.*, pág. 452; GERHARDT PLÖCHL, *Die Öffentliche...*, cit., pág. 3.

se muestra torpe y lenta en el desempeño de tal cometido.[104] Parece entonces como unánimemente admitido, y ya refiriéndonos a las formas de nacionalización, que hay tendencia a evitar la transformación de las empresas nacionalizadas en subdivisiones inmediatas de la administración del Estado.[105]

En todo caso, y aun cuando esta forma de realización de actividades económicas por parte del Estado tienda a evitarse y presente hoy una importancia relativa menos grande que otras formas de acción del Estado,[106] su presencia en el Derecho Comparado nos obliga a analizar, someramente, su régimen jurídico interno y externo.

2. RÉGIMEN JURÍDICO INTERNO

15. Como estructuras integradas en la organización administrativa, las *régies* poseen, generalmente, una estructura administrativa clásica y jerarquizada.[107] Por tanto, desde el punto de vista del Derecho Administrativo, la confusión orgánica de esta forma indiferenciada de gestión determina, para el estudio de su problemática fundamental, una remisión en bloque a las regulaciones generales de dicha rama jurídica.[108] Sin embargo, es necesario insistir en algunas de sus peculiaridades.

16. En primer lugar, aun cuando existen excepciones como en Suecia, donde por ausencia de la dirección ministerial, están sometidas al jefe del departamento,[109] generalmente están sometidas a la autoridad inmediata del Ministro respectivo,[110] y, por tanto, a todos los mecanismos e instancias ordinarios de los organismos administrativos,[111] hasta tal punto de que, por ejemplo, en Bélgica, es imposible para las personas administrativas competentes el renunciar a su autoridad jerárquica sobre las empresas públicas sin personalidad.[112] En esta forma, Theo Keller ha señala-

---

104   *Cfr.* FERNANDO GARRIDO FALLA, *Tratado...*, cit., Tomo II, pág. 313.

105   *Cfr.* K. KATZAROV, *op. cit.*, pág. 331.

106   *Cfr.* R. DRAGO, "Le Régime des Activités...", *loc. cit.*, pág. 452; TORE MODEEN, *Le Régime des Activités...*, cit., pág. 20; ELIS HASTAD, "Tipos de Industrias Nacionalizadas", *loc. cit.*, pág. 64.

107   *Cfr.* ELIS HASTAD, "Tipos de Industrias...", *loc. cit.*, pág. 64; R. DRAGO, "Le Régime des Activités...", *loc. cit.*, pág. 454; M. A. FLAMME, "Le Régime des Activités...", *loc. cit.*, pág. 390; TORE MODEEN, *Le Régime des Activités...*, cit., pág. 9.

108   *Cfr.* F. GARRIDO FALLA, *Tratado...*, cit., Tomo II, pág. 314; KLAUS VOGEL, *Die Wirtschaftliche...*, cit., pág. 6.

109   *Vid.* ELIS HASTAD, "Tipos de Industrias Nacionalizadas", *loc. cit.*, pág. 64.

110   *Cfr.* M. S. GIANNINI, "Sobre las Empresas Públicas", *loc. cit.*, pág. 17; MARÍN MARÍN, *Aspectos de la Administración Pública Autonómica*, cit. pág. 280; KLAUS VOGEL, *Die Wirtschaftliche...*, cit., pág. 13; M. A. FLAMME, "Le Régime des Activités...", loc cit., pág. 390; ELIS HASTAD, "Tipos de Industrias...", *loc. cit.*, pág. 64; ONU, *Some Problems in the. .*, cit., pág. 6; A. H. HANSON, "L'Organisation des Entreprises...", *loc. cit.*, pág. 110.

111   *Cfr.* JOSEF MARSCHALL, Informe Austríaco al IV CIEF, *loc. cit.*, Vol. IV, pág. 237.

112   *Vid.* M. A. FLAMME, "Le Régime des Activités...", *loc. cit.*, pág. 419.

do que la eficacia del esfuerzo para conseguir la máxima economía posible peligra, por más serio que sea, debido a la coordinación de la institución no autónoma en el engorroso engranaje generalmente escalonado y molesto de instancias administrativas, y debido a la limitación, muchas veces demasiado rigurosa, de las atribuciones de aquellos cargos directivos, a los cuales en el sector privado corresponden las facultades más amplias para tomar decisiones por iniciativa propia y, con ello, para la rápida adaptación a las exigencias que puedan surgir en cada situación nueva.[113]

Esto ha producido, quizás, que estas empresas, como en Finlandia, tengan la característica de que ellas estén por prioridad y exclusivamente al servicio de las necesidades propias de los servicios públicos, como, por ejemplo, los Talleres Generales de los Ferrocarriles y la Imprenta del Estado.[114] Esto mismo sucede en Alemania y Venezuela respecto a la Imprenta del Bund y la Imprenta Nacional.[115]

17. Por otra parte, el servicio económico no autónomo no dispone de patrimonio propio. Por lo tanto, para la obtención de sus créditos de inversión y de sus medios de explotación, depende completamente de la colectividad pública a la que pertenece. Esto significa, que ella misma no dispone de crédito[116] y que, por ejemplo, no tiene la posibilidad de cubrir sus necesidades de inversión mediante la colocación de empréstitos propios en el mercado de capitales.[117] En otras palabras, el titular jurídico de un servicio económico no autónomo o empresa de gestión directa, es únicamente el organismo público al que pertenece, y dicho organismo o colectividad pública es el sujeto de todos los derechos y responde por todas las obligaciones que hayan nacido en el marco de la empresa.[118]

18. La falta de autonomía en cuanto al derecho patrimonial involucra, para la empresa propia o *régie industrielle*, la subordinación a la obligación presupuestaria. Esto tiene como consecuencia que la empresa, organizada en forma de régie, debe presentar un presupuesto parcial dentro del proyecto presupuestario general del Estado o del ente local respectivo. Su aprobación por el Parlamento significa, entonces, la fijación de determinados objetivos de inversión para los fondos disponibles y la

---

113   *Vid.* THEO KELLER, "La Economía Propia de las Comunidades Públicas", en W. GERLOFF y F. NEWMARK, *op. cit.*, pág. 154; GERHARDT PLÖCHL, *Die Öffentliche...*, cit., pág. 7.

114   *Vid.* TORE MODEEN, *Le Régime des Activités...*, cit., pág. 11.

115   *Vid.* WOLFGANG ZETZSCHKE, "Las Empresas Públicas en la República Federal Alemana", *ICE*, marzo 1964, pág. 95; Misión Shoup, *Informe sobre el Sistema Fiscal de Venezuela*, Caracas, Tomo II, pág. 160

116   *Cfr.* KLAUS VOGEL, *Die Wirtschaftliche...*, cit., págs. 7 y 8; GERHARDT PLÖCHL, *Die Öffentliche...*, cit., pág. 13.

117   *Cfr.* THEO KELLER, "La Economía propia de las Comunidades...", *loc. cit.*, pág. 154; KLAUS VOGEL, *Die Wirtschaftliche...*, cit., pág. 8; TORE MODEEN, *Le Régime des Activités...*, cit., pág. 9.

118   *Cfr.* KLAUS VOGEL, *Die Wirtschaftliche...*, cit., pág. 8.

obligación restrictiva de emplear, para cada una de las finalidades, la cantidad fijada en el presupuesto.[119] Otra consecuencia de ello, es la rendición de cuentas en la cual debe informarse sobre el cumplimiento de las finalidades de inversión delimitadas en el presupuesto. Todo esto significa una fuerte restricción a la libertad de manejo financiero que puede afectar, por tanto, la economía de la empresa estatal o local.[120]

Esto ha traído como consecuencia y es una manifestación que se observa claramente en el Derecho Comparado, que el Estado haya querido dotar algunas veces a estos servicios de carácter industrial y comercial, de un estatuto menos estricto desde el punto de vista de las reglas presupuestarias y contables y de gestión, sin necesidad de tener que acudir a la técnica de la descentralización orgánica, que implica la creación de personas jurídicas distintas del Estado.[121] Tal cosa sucede, por ejemplo, con la creación de los llamados patrimonios autónomos en España,[122] Italia,[123] Francia,[124] y Bélgica.[125]

Por otra parte, en principio, los ingresos que tengan esos servicios económicos no autónomos se consideran como rentas del Estado, y, por tanto, deben ingresar al Tesoro, como es el supuesto de Suecia y Venezuela.[126] En relación a esto, sin embargo, asimismo el Derecho Comparado muestra excepciones, con la existencia de las llamadas Cajas Especiales, en que los ingresos no entran al Tesoro General.[127]

19. En relación con el régimen de los bienes pertenecientes a las *régies* o servicios económicos no autónomos, éste corresponde integralmente a la domanialidad pública, es decir, dichos bienes son inalienables e inembargables[128] y, por tanto, desde el punto de vista económico, los bienes invertidos en la empresa, al no estar separados jurídica ni contablemente del patrimonio del Estado, no es po-

---

119   *Cfr.* TORE MODEEN, *Le Régime des Activités...*, cit., págs. 9 y 10, GERHARDT PLÖCHL, *Die Öffentliche...*, cit., pág. 13.

120   *Cfr.* THEO KELLER, "La Economía propia de las Comunidades Públicas", *loc. cit.*, pág. 154; A. H. HANSON, "L'Organisation des Entreprises...", *loc. cit.*, pág. 110.

121   *Cfr.* M. A. FLAMME, "Le Régime des Activités...", *loc. cit.*, pág. 420; M. A. FLAMME, "La Empresa Pública...", *loc. cit.*, pág. 110.

122   *Vid.* F. GARRIDO FALLA, "Las Empresas Públicas", *loc. cit.*, pág. 134.

123   *Vid.* M. S. GIANNINI, "Sobre las Empresas Públicas", *loc. cit.*, pág. 18, M. S. GIANNINI, *Le Régime des Activités...*, cit., pág. 3.

124   *Vid.* R. DRAGO, "Le Régime des Activités...", *loc. cit.*, pág. 452; *Cfr.* S. MARÍN MARIN, *Aspectos de la Administración Pública Autonómica*, cit., pág. 281.

125   *Vid.* M. R. FLAMME, "Le Régime des Activités...", *loc. cit.*, págs. 390, 396, 420 y 433.

126   *Vid.* Artículo 42, ordinal 2" de la Ley Orgánica de la Hacienda Pública Nacional de Venezuela; ELIS HASTAD, "Tipos de Industrias Nacionalizadas", *loc. cit.*, pág. 64.

127   *Cfr.* S. MARÍN MARÍN, *Aspectos de la Administración Autonómica*, cit., págs. 225 y 282.

128   *Cfr.* R. DRAGO, "Le Régime des Activités...", *loc. cit.*, pág. 455; M. A. FLAMME, "Le Régime des Activités...", *loc. cit.*, pág. 405; GERHARD PLÖCHL, *Die Öffentliche...*, cit., pág. 7.

sible abarcarlos ni siquiera en una cuenta de inversión, ni pueden hacerse figurar en un balance.[129]

20. Por último, estando integrados esos servicios económicos no autónomos a la Administración del Estado o de una colectividad pública, el régimen del personal es el mismo que rige para los agentes del Estado, y, por tanto, rige el estatuto de la función pública, como sucede en Bélgica, Alemania, Suecia, Francia y España.[130] Esto, por supuesto, implica inevitablemente una rigidez en la actividad de la empresa. Ello dificulta tanto la adaptación de la esfera de acción al correspondiente funcionario, como la posibilidad de atraer a las personas aptas para la tarea concreta. A esto contribuye especialmente el rígido escalafón de remuneraciones, que fija los límites máximos, colocando frecuentemente las remuneraciones de los empleados directivos de las empresas públicas debajo de las tarifas que rigen para empleos análogos en la economía privada.[131]

En otros países, sin embargo, el personal de estos servicios no autónomos está colocado en un régimen de Derecho Privado, como sucede en Finlandia.[132]

3. RÉGIMEN JURÍDICO EXTERNO

21. En principio, y dada la naturaleza de la actividad que desarrollan las régies o empresas propias, en todo lo que concierne a su actividad externa, el Estado está sometido a las normas de Derecho Privado y especialmente a las de Derecho Mercantil, sobre todo en los contratos concluidos con sus clientes y proveedores.[133] Por tanto, en principio, en aquellos países donde existe una dualidad de competencia jurisdiccional, administrativa y ordinaria, basada en la naturaleza de la actividad desarrollada por el ente público, como, por ejemplo, en Francia, Austria, Bélgica y Venezuela, la competencia para conocer de los litigios que surjan con motivo de la realización de estas actividades comerciales, corresponde a la jurisdicción mercantil ordinaria,[134] salvo cuando las empresas en *régie*, gestionen un servicio público, pues

---

129   *Vid.* KLAUS VOGEL, *Die Wirtschaftliche...*, cit., pág. 12.

130   *Vid.* M. A. FLAMME. "Le Régime des Activités...", *loc. cit.*, pág. 403; KLAUS VOGEL, *Die Wirtschaftliche...*, *loc. cit.*, pág. 6. En cuanto a Francia, *Vid.* S. MARIN MARIN, *Aspectos de la Administración Autonómica*, cit., pág. 280. *Vid.*, asimismo, ONU, *Some Problems in the Organization...*, cit., pág. 6; ELIS HASTAD, "Tipos de Industrias Naciolizadas", *loc. cit.*, pág. 64; GERHARDT PLÖCHL, *Die Öffentliche...*, cit., pág. 7.

131   *Cfr.* THEO KELLER, "La Economía propia de las Comunidades Públicas", *loc. cit.*, pág. 155; KLAUS VOGEL, *Die Wirtschaftliche...*, cit., pág. 6.

132   *Vid.* TORE MODEEN, *Le Régime des Activités...*, cit., pág. 10.

133   *Cfr.* R. DRAGO, "Le Régime des Activités...", *loc. cit.*, pág. 455; M. S. GIANNINI, "Sobre las Empresas Públicas", *loc. cit.*, págs. 16 a 18; M. A. FLAMME, "Le Régime des Activités...", *loc. cit.*, págs. 414 y sig.

134   *Vid.* R. DRAGO, "Le Régime des Activités...", *loc. cit.*, págs. 455 y sig.; GERHARDT PLÖCHL, *Die öffentliche...*, cit., pág. 16; M. A. FLAMME, "Le Régime des Activités...", *loc. cit.*, pág. 416; ALLAN R BREWER-CARÍAS, *Las Instituciones Fundamentales del Derecho Administrativo y la Jurisprudencia Venezolana*, Caracas, 1964, pág. 327.

en este supuesto, ellas se benefician de todas las prerrogativas de la persona pública con la cual se confunden, como sucede en Francia.[135]

En ciertos sistemas, como en el venezolano, la empresa industrial no autónoma, aun cuando desarrolla su actividad sometida en principio al Derecho Mercantil, goza de todas las prerrogativas de poder público, pues la ausencia de una personalidad separada, la asimila al Estado. En este sentido, goza de todos los privilegios y prerrogativas procesales, no pudiendo tampoco ser gravada con impuestos. Algo similar sucede en Bélgica, donde entre otras situaciones especiales, los bienes de las *régies*, no están sujetos a vías de ejecución forzosa.[136]

22. Por otra parte, y aun cuando en principio el Estado desarrolle a través de las *régies* una actividad industrial o comercial sometida en principio, en su aspecto externo, al Derecho Mercantil, es general la solución del Derecho Comparado de que no tiene por ello el carácter de comerciante.[137] En este sentido, en Venezuela, por ejemplo, el Código de Comercio señala que las entidades públicas territoriales "no pueden asumir la cualidad de comerciantes, pero pueden ejecutar actos de comercio; y en cuanto a estos actos, quedan sujetos a las leyes mercantiles".[138]

En Austria, al contrario, las empresas de gestión directa tienen la consideración de comerciantes si explotan un negocio comercial. Sin embargo, señala Plöchl, cuando la empresa excede el volumen del pequeño comercio, no está obligada a inscribirse en el Registro Mercantil como persona privada, sino solamente está facultada para ello.[139]

III. EL RÉGIMEN JURÍDICO DE LAS ACTIVIDADES INDUSTRIALES Y COMERCIALES DESARROLLADAS POR EL ESTADO A TRAVÉS DE ENTES DOTADOS DE PERSONALIDAD PROPIA Y SEPARADA

> *"En droit administratif, nous n'avons à nous occuper que des personnes morales qui se trouvent audessous de la personne morale suprême, au-dessous de l'Etat".* OTTO MAYER, Le Droit Administratif Allemand, Tome IV, Paris, 1906, pág. 260.

1. INTRODUCCIÓN

23. Ciertamente, el estudio del régimen jurídico de las actividades industriales y comerciales del Estado se encuentra con sus más graves obstáculos al analizar las

---

135   *Vid.* R. DRAGO, "Le Régime des Activités...", *loc. cit.*, pág. 456.

136   *Vid.* M. A. FLAMME, "Le Régime des Activités...", *loc. cit.*, pág. 419, GERHARDT PLÖCHL, *Die öffentliche...*, cit., pág. 12.

137   *Cfr.* M. A. FLAMME, "Le Régime des Activités...", *loc. cit.*, pág. 416; S. MARÍN MARÍN, *Aspectos de la Administración Autonómica*, cit., pág. 281; F. GARRIDO FALLA, *Tratado de Derecho Administrativo*, cit., Tomo II, pág. 314.

138   Artículo T del Código de Comercio de Venezuela.

139   *Vid.* GERHARDT PLÖCHL, *Die Öffentliche...*, cit., pág. Ii,

variadas y diversas formas jurídicas dotadas de personalidad propia y separada de la del Estado, a través de las cuales los poderes públicos desarrollan dichas actividades; siendo, por otra parte, una tendencia general en el Derecho Comparado, la creación de esos entes. En efecto, y en cuanto a los que tienen su origen en las nacionalizaciones, Katzarov ha indicado que el análisis de las estructuras que reviste la nacionalización permite constatar por doquiera una tendencia muy clara a separar jurídica y formalmente, los sujetos que animan la vida económica nacionalizada de la persona jurídica del Estado. Esta tendencia, por otra parte, no resulta tanto del hecho de que el Estado, cuando llevó a cabo la nacionalización, se encontrara en presencia de sujetos de Derecho ya existentes —las empresas privadas— que él nacionalizó, sino que las causas deben ser buscadas más bien en el instinto de conservación: cuando se realizan nacionalizaciones es evidente que el presupuesto del Estado podría encontrarse amenazado por las sacudidas imputables al período transitorio anterior a la normalización de la economía nacionalizada.[140]

Pero en todo caso, si bien la tendencia a crear entes separados jurídica y patrimonialmente de la administración, ha sido generalizada, el legislador, por lo común, no ha recurrido a las diversas formas jurídicas con criterios uniformes; al contrario y más bien, dice Langrod, ha recurrido a una o a otra forma de acción por necesidades pasajeras, por oportunismo, hábito o simplemente por azar, por respeto a la simetría de las administraciones "regulares", que él piensa así salvaguardar, o, en fin, para mejor disfrazar al Estado en comerciante "verdadero".[141]

Ello ha dado origen a que en muchas oportunidades la diferencia entre la realidad del ente y la forma jurídica escogida sea patente:[142] de ahí que se diga que estas formas en ciertas oportunidades, y sobre todo cuando se escoge la forma mercantil, no son más que una fachada[143] o un disfraz externo[144] o simplemente una ficción.[145]

24. Pero el problema fundamental que se plantea para el jurista en su labor comparativa al estudiar estos aspectos es el de la imposibilidad de clasificar, en forma absoluta, a toda la diversidad de figuras jurídicas con personalidad jurídica propia, en la categoría de personas de Derecho Público (por ejemplo, siguiendo los lineamientos del establecimiento público), o en la categoría de personas de Derecho Privado (por ejemplo, la sociedad anónima de capital público).

En efecto, cuando la empresa pública se coloca de lleno en el campo público, y aunque dotada de personalidad y autonomía financiera, se mueve aún según el

---

140   *Vid.* K. KATZAROV, *op.cit.* pág. 326.

141   *Vid.* G. LANGROD, "L'Entreprise Public en Droit Administratif Comparé", *loc. cit.*, pág. 220.

142   *Cfr.* K. KATZAROV, *op. cit.*, pág. 332.

143   *Vid.* G. LANGROD, "L'Entreprise Public...", *loc. cit.*, pág.219.

144   *Vid.* J. L. VILLAR PALASI, "La Actividad Industrial del Estado...", *loc. cit.*, pág.90.

145   *Vid.* ANTONIO BROCHADO DA ROCHA, *Informe Brasileño II al IV CIEF, loc. cit.,* Vol. IV., pág. 105.

concepto de imperium, de acuerdo con las normas propias de la administración, la duda, evidentemente, se inclina a favor del régimen de Derecho Administrativo. Cuando, por el contrario, el Estado en su gestión económica ha escogido la forma de Derecho Privado, sometida a las reglas de la actuación privada y a los preceptos del Derecho Civil y Mercantil, la decisión tampoco es difícil.[146] Pero no son los casos límites, sino más bien los intermedios los que plantean difícil solución.

En efecto, en los sistemas que no siguen los lineamientos del Derecho europeo continental y en los cuales no se puede recurrir en forma absoluta a la clasificación en personas públicas y personas privadas, la categoría intermedia de estas figuras jurídicas prolifera. Así, en relación, por ejemplo, a los países anglosajones, donde, como en Inglaterra, "no está establecida con mucha claridad la distinción entre sujetos públicos y privados",[147] no puede encuadrarse a la Public Corporation en el esquema rígido del Derecho continental, sino que, por su propia naturaleza aparece como una entidad de carácter semipúblico.[148]

Por otra parte, en relación con los países de régimen socialista y economía planificada, las empresas nacionalizadas aparecen, generalmente, como una síntesis entre la persona de Derecho Público y la persona de Derecho Privado. A tal efecto, Katzarov ha señalado que si tomamos como criterio de la diferenciación entre personas jurídicas de Derecho Público y personas jurídicas de Derecho Privado, la manera cómo ellas han sido constituidas y cómo subsisten; si admitimos, en otras palabras, que la persona jurídica de Derecho Público es la que está constituida y que existe de derecho en virtud de una ley, en tanto que la persona jurídica de Derecho Privado resulta de una transacción jurídica, tenemos que reconocer que la empresa estatal no encuentra su lugar ni dentro de una, ni dentro de la otra categoría.[149] No estamos, pues —agrega Katzarov—, en presencia de algo sustancialmente nuevo, sino de una nueva combinación a la que podríamos aplicar la expresión "paraestatal", o semipúblico, etc., si nos empeñáramos en forma absoluta en darle una calificación propia; esta combinación nos lleva, dentro del Derecho general público y privado, a complicaciones e innovaciones importantes que plantean graves problemas.[150]

25. Ante esto, evidentemente, el estudio de las formas jurídicas personalizadas utilizadas por el Estado para desarrollar sus actividades económicas, no puede limitarse al análisis de los establecimientos públicos (personas públicas) y de las sociedades mercantiles (personas privadas) con capital público o mixto, sino que ha de abarcar también esas categorías o formas jurídicas intermedias entre las personas públicas y las personas privadas, como son las *Public Corporations* inglesas, las

---

146   *Cfr.* F. LABADIE OTERMÍN, "Problemática de la Empresa Pública", *loc. cit.*, pág. 173.

147   *Vid.* LAUREANO LOPEZ RODO, "Las Empresas Nacionalizadas en Inglaterra", *RAP*, N" 3, 1950, pág. 393.

148   *Cfr.* L. LOPEZ RODÓ, "Las Empresas Nacionalizadas...", *loc. cit.*, pág. 395.

149   *Vid.* K. KATZAROV, *op. cit.*, pág. 337.

150   *Vid.* K. KATZAROV, *op. cit.*, pág. 339.

Government Corporations norteamericanas y las empresas estatales de los países socialistas. Además, el Derecho Comparado nos muestra otras categorías intermedias, en esta oportunidad entre la persona pública (establecimiento público) y la *régie industrie lie* antes estudiada, como es el caso de la llamada en Bélgica *Régie d'Etat*, y que es necesario asimismo estudiar separadamente.

Por tanto, nuestro estudio comparativo de las formas jurídicas personalizadas utilizadas por el Estado para desarrollar sus actividades industriales o comerciales, y sus diversos regímenes jurídicos, lo haremos —sin olvidar la veracidad de la afirmación de R. Drago de que toda clasificación en esta materia comporta necesariamente un aspecto artificial—[151] analizando separadamente, la *Régie d'Etat* o administraciones estatales instituidas para actividades comerciales, el establecimiento público industrial y comercial, las formas jurídicas intermedias (*Public* y *Government Corporations* y empresas estatales de los países socialistas), y las sociedades mercantiles de capital público, íntegro o mixto, según la mayor o menor aplicación del Derecho Público a su actividad.

2.   LAS REGIES D'ETAT

26. Dentro de esta primera categoría intermedia entre la *régie industrielle* y el establecimiento público, podemos incluir las *Régies d'Etat* belgas, cuya terminología acogemos, y las administraciones estatales instituidas para actividades comerciales de Noruega y Finlandia.[152] Las régies d'Etat belgas, tal como las define M. A. Flamme, son servicios públicos nacionales centralizados y personalizados, administrados directamente por el Ministro respectivo, y como consecuencia, desprovistos de toda autonomía orgánica. Estas régies gozan, sin embargo, de una autonomía técnica, tienen una contabilidad comercial y un patrimonio distinto, y son objeto de una gestión industrial de costo, lo que es imposible para el Estado.[153] Existen en Bélgica, tres Régies d'Etat, cuya actividad es indiscutiblemente comercial: *La Régie des services frigorifiques de l'Etat*; la *Régie des Télégraphes et Téléphones* (RTT); la *Régie des Voies Aeriennes* (RVA).

Por tanto, lo que distingue a las *Régies d'Etat* belgas de los servicios económicos no autónomos (*régies industrielles* francesas), es el solo hecho de la posesión de la personalidad. En este caso, el otorgamiento de la personalidad jurídica al servicio, no le hace perder su carácter de administración centralizada, cuando el objetivo es esencialmente permitir a ciertas empresas estatales de carácter industrial o comercial, de escapar a las reglas de gestión financieras y contables tradicionalmente en vigor para el Estado, ya que las administraciones así personalizadas quedan siempre bajo la autoridad directa y jerárquica de un Ministro.[154]

---

151   *Vid.* R. DRAGO, "Lé Régime des Activités...", *loc. cit.*, pág. 452.

152   *Vid.* ELIS HASTAD, "Tipos de Industrias Nacionalizadas", *loc. cit.*, pág. 64.

153   *Vid.* M. A. FLAMME, "Le Régime des Activités...", *loc. cit.*, pág. 391.

154   *Cfr.* M. A. FLAMME, "Le Régime des Activités...", *loc. cit.*, pág. 398; VICTOR CRABBE, "La Empresa Pública en Bélgica", *ICE*, marzo 1964, pág. 115.

Dentro de esta categoría de las *Régies d'Etat*, podrían incluirse en Finlandia las empresas industriales del Estado dotadas de un comité de dirección propio, que no se distinguen asimismo de las empresas gestionadas directamente por el Estado, sino por el otorgamiento de la personalidad, aun cuando no estén sometidas a la autoridad directa del Ministro.[155]

Por otra parte, las *régies d'Etat* así concebidas, se distinguen de los establecimientos públicos que veremos más adelante, aunque ambos tengan personalidad jurídica, por el hecho señalado de que el Ministro ejerce sobre las primeras un poder jerárquico, y sobre los otros, un poder de tutela que no le da derecho generalmente de tomar decisiones, sino solamente aprobar o rechazar resoluciones.[156]

27. En Bélgica, todas estas administraciones personalizadas, como se ha dicho, entonces, permanecen centralizadas, pues ellas son gestionadas, no por autoridades distintas de las del Estado, sino por representantes del poder central sometidos al control jerárquico del Ministro bajo el cual cada una de esas administraciones se encuentra colocada. Así, de acuerdo con su propia Ley Orgánica, la *Régie de Télégraphes et des Téléphones* belga está representada y administrada por el Ministro, quien tiene los Telégrafos y Teléfonos en sus atribuciones, aun cuando un Comité de vigilancia esté encargado del control de la contabilidad.[157] Al contrario, como se ha dicho, en Finlandia estas empresas se encuentran sometidas a un Comité de Dirección especial, aunque sometidas a un notable control gubernativo.[158]

28. Desde el punto de vista del presupuesto, se considera a estas empresas como un departamento gubernativo[159] y, por tanto, en Finlandia, no disponen de un capital propio y dependen totalmente del presupuesto del Estado en el cual se hace la estimación de los gastos de inversión y de otro orden.[160] En cuanto a los bienes de las Régies d'Etat belgas, al igual que los bienes de los servicios administrativos no personalizados, están sometidos al régimen de la domanialidad. Ahora bien, como la Régie d'Etat goza, de personalidad separada, se ha considerado que el Estado ha cedido en propiedad a las mismas esos bienes, pero con la advertencia de que esta cesión de propiedad es considerada realmente como un artificio jurídico, pues lejos de implicar una disminución de los haberes del Estado, reserva al Gobierno el ejercicio de ciertos derechos que mitigan singularmente el carácter, a primera vista absoluto, de la cesión.[161]

---

155   *Vid.* TORE MODEEN, Le Régime des Activités..., cit., pags. 9 y 11; ELIS HASTAD, "Tipos de Industrias Nacionalizadas", *loc. cit.* pág. 64.

156   *Cfr.* ANTONIO BROCHADO DA ROCHA, *Informe Brasileño II al IV CIEF, loc. cit.,* Vol. IV, pág. 103.

157   *Vid.* M. A. FLAMME, "Le Régime des Activités...", *loc. cit.,* pág. 397.

158   *Cfr.* TORE MODEEN, *Le Régime des Activités...,* cit., pág. 9; ELIS HASTAD, "Tipos de Industrias Nacionalizadas", *loc. cit.,* pág. 64.

159   *Cfr.* ELIS HASTAD, "Tipos de Industrias Nacionalizadas", *loc. cit.,* pág. 64.

160   *Vid.* TORE MODEEN, *Le Régime des Activités...,* cit., pág. 9.

161   *Cfr.* M. A. FLAMME, "Le Régime des Activités...", *loc. cit.,* pág. 405.

29. Por otra parte, dada la naturaleza específica de estas Régies d'Etat belgas, el personal que presta sus servicios en las mismas está sometido al estatuto reglamentario de los agentes del Estado, al igual que lo que sucede en las régies francesas o servicios no personificados.[162] En Finlandia y Noruega, al contrario, las administraciones estatales instituidas para actividades comerciales tienen un sistema salarial más libre, y por lo que respecta a las condiciones de empleo de los obreros, existen algunas diferencias respecto de la relación de empleo público.[163]

Por último, en relación del régimen jurídico externo de estas empresas públicas, el mismo es similar al visto respecto a los servicios no personificados: a pesar de que realizan actividades comerciales, no tienen la calidad de comerciantes, no pueden comprometer y sus bienes no pueden ser objeto de ejecución forzada.[164]

3. LOS ESTABLECIMIENTOS PÚBLICOS INDUSTRIALES Y COMERCIALES

A) Introducción

30. Sin necesidad de entrar en la polémica a que ha dado lugar la crisis de la noción de establecimiento público, en Francia, con la proliferación de los establecimientos públicos industriales y comerciales,[165] es necesario señalar que en el Derecho Comparado y aun actualmente en la misma Francia[166] cuando se habla de establecimiento público, se quiere significar, al menos, la existencia de un ente estatal descentralizado dotado de personalidad de Derecho Público.[167]

En este sentido, J. Rivero al constatar la evolución que ha tenido en Francia la noción de establecimiento público —la cual ha perdido todo valor jurídico, ya que no implica ahora necesariamente ni una actividad de servicio público, ni una distinción fundamental con las personas territoriales, ni suministra precisión alguna sobre el régimen jurídico del organismo—, llega a la conclusión, sin embargo, que lo único seguro que puede deducirse de dicha noción, es el carácter de persona pública del organismo concreto, de donde se deriva un control ejercido sobre él por una autoridad de tutela, y su subordinación a ciertas reglas de Derecho Público.[168]

Por tanto, y en este mismo sentido, cuando en este estudio hablamos de establecimientos públicos industriales y comerciales, nos referimos a aquellas personas públicas no territoriales a través de las cuales el Estado desarrolla actividades económicas, y que son denominadas en esa forma en Francia, Bélgica, España, Uru-

---

162   *Cfr.* M. A. FLAMME, "Le Régime des Activités...", *loc. cit.,* pág. 403.

163   *Cfr.* ELIS HASTAD, "Tipos de Industrias Nacionalizadas", *loc. cit.,* pág. 65.

164   *Cfr.* M. A. FLAMME, *Le Régime des Activités...,* cit. (multigrafiada), págs. 56, 62 y 72.

165   *Vid.* R. DRAGO, *Les Crises de la notion d'établissement public,* París, 1950.

166   *Cfr.* M. WALINE, *Droit Administratif,* 9° edición, París 1963, pág. 383.

167   *Vid.* las referencias al Derecho Comparado (Francia, Alemania, Bélgica, Italia, España, Latinoamérica) hechas en el N°12.

168   *Vid.* JEAN RIVERO, *Droit Administratif,* 2° edición, París, pág. 404.

guay y Brasil;[169] institución pública autónoma en Alemania y Austria,[170] institutos oficiales autónomos en Venezuela[171] o entidades autárquicas en Argentina,[172] y entes públicos en Italia.[173] En cierta forma, también, la categoría de las *Public Authorities* norteamericana e inglesa podría catalogarse como persona pública e incluirse dentro de esta categoría genérica de establecimientos públicos, ya que por authority entienden los norteamericanos un tipo de organismo público administrativo con especiales poderes de gobierno;[174] sin embargo, hemos preferido, por sus peculiaridades, darle un tratamiento aparte, como forma jurídica intermedia.

B)   Régimen jurídico interno

31. La existencia de entes públicos económicos dotados de personalidad jurídica propia, no es más que una manifestación de la llamada administración indirecta o mediata del Estado[175] realizada a través de entes funcionalmente descentralizados de la administración central del mismo.[176] Por tanto, en principio, el régimen jurídico interno de los establecimientos públicos económicos está determinado por el Derecho Público, sobre todo en lo que se refiere a las relaciones entre el ente descentralizado y la administración central.[177] Sin embargo, ha dicho Forsthoff, a pesar de la estrecha vinculación al Estado de los órganos administrativos agrupados en la administración estatal mediata, la distinción entre ésta y la administración estatal

---

169   *Vid.* R. DRAGO, "Le Régime des Activités...", *loc. cit.*, pág. 452; M. A. FLAMME, "Le Régime des Activités...", *loc. cit.*, págs. 392 y 398; F. GARRIDO FALLA, "Las Empresas Públicas", *loc. cit.*, pág. 135; S. MARTIN RETORTILLO B., "Organización Administrativa...", *loc. cit.*, pág. 11; ENRIQUE SAYAGUÉS LASO, "Les Établissements Publics Économiques en Uruguay", *RISA*, 1956, N° 1, págs. 5 a 15; ANTONIO BROCHADO DA ROCHA, *Informe Brasileño II al IV CIEF, loc. cit.*, Vol. IV, pág. 101

170   *Vid.* GERHARDT PLÖCHL, *Die öffentliche...*, cit., pág. 4; KLAUS VOGEL, *Die Wirtschaftliche...*, cit., pág. 2; *Cfr.* THEO KELLER, "La Economía propia de las Comunidades Públicas", *loc. cit.*, pág. 156.

171   *Vid.* TOMÁS POLANCO, "La Administración Pública", en *Anales de la Facultad de Derecho*, Caracas, 1951, págs. 315 y sig.

172   *Vid.* MIGUEL S. MARIENHOFF, *Tratado de Derecho Administrativo*, cit., Tomo I, pág. 433.

173   *Vid.* M. S. GIANNINI, "Sobre las Empresas Públicas", *loc. cit.*, pág. 18; M. S. GIANNINI, Le Régime des Activités..., cit., pág. 4.

174   *Cfr.* FERNANDO GARRIDO FALLA, "La Intervención Administrad va en materia Económica y las Corporaciones del Gobierno en Norteamérica", *RAP*, N°3, Madrid, 1950, pág. 424.

175   *Vid.* FERNANDO GARRIDO FALLA, *Administración Indirecta del Estado y Descentralización Funcional*, Madrid, 1950 págs. 11 y sig.; ERNST FORSTHOFF, *op. cit.*, págs. 598 y 607.

176   *Cfr.* MARIANO BAENA DEL ALCÁZAR, "Los Entes funcionalmente descentralizados y su relación con la Administración Central", *RAP* N° 44, 1964, pág. 62.

177   *Vid.* NATALIA GAJL, "Les Entreprises d'Etat en France, en Italie et en Pologne", *loc. cit.*, pág. 156.

directa tiene una importancia práctica considerable: fundamentalmente la administración estatal se halla fuera de la serie de las autoridades directas del Estado, a las que no está supeditada en el sentido de una subordinación oficial.[178]

32. Sin embargo, ese régimen interno de Derecho Público que en principio caracteriza a los establecimientos públicos económicos, se refleja, en primer lugar, porque generalmente la creación de esas personas públicas requiere ley especial, como en Francia, Alemania, Bélgica y Venezuela.[179]

33. Por otra parte, el régimen interno de Derecho Público de los establecimientos públicos industriales y comerciales incide sobre su organización, que se caracteriza por el grado de autonomía de que disponen frente a la administración central. Es quizás éste el aspecto más importante del régimen de los establecimientos públicos económicos: en ellos, en los cuales son importantes las rápidas decisiones, las intervenciones directas de órganos políticos y de la administración central son excepcionales, quedando la dirección de la empresa en forma independiente en un órgano especial de gestión.

En efecto, en el esquema corriente de la descentralización de las empresas públicas, la dirección de éstas corresponde a un Consejo de Administración, estando bajo las órdenes del mismo un director o director general como órgano ejecutivo. Mostrando el esquema francés, R. Drago señala que el Consejo de Administración está constituido sobre la base del sistema representativo, según las reglas de la gestión tripartita (Estado, empleados, consumidores) utilizada por las empresas que surgieron de las leyes de nacionalización. Este esquema tiene, sin embargo, numerosas variantes, aun cuando los Consejos de Administración tengan siempre representantes del Estado y de los empleados de las empresas. El poder del Consejo de Administración es muy extenso, ya que a él compete determinar la actividad general de la empresa, decidir las operaciones de capital, votar los estados de previsión y las cuentas de ganancias y pérdidas.[180]

Similar situación en cuanto a la autonomía del Consejo de Dirección se presenta en Bélgica, Alemania, Austria y Venezuela.[181] Sin embargo, los miembros de los cuerpos colegiados de los entes públicos económicos, así como sus directores, son nombrados y removidos por la administración.[182]

---

178   *Vid.* ERNST FORSTHOFF, *op. cit.*, pág. 610.

179   *Cfr.* ANDRÉ MARTIN-PANNETIER, *Eléments d'analyse comparative des établissements publics en Droit français et en Droit anglais.* París, 1966.

180   *Vid.* R. DRAGO, "Le Régime des Activités...", *loc. cit.*, pág. 454.

181   *Vid.* M. A. FLAMME, "Le Régime des Activités...", lo: cit., pág. 398; KLAUS VOGEL, *Die Wirtschaftliche...*, cit., pág. 13; GERHARDT PLÖCHL, Die Öffentliche..., cit., pág. 7; TOMÁS POLANCO, "La Administración Pública", *loc. cit.*, pág. 334.

182   *Cfr.* R. DRAGO, "Le Régime des Activités...", *loc. cit.*, pág. 454; M. A. FLAMME, "Le Régime des Activités...", *loc. cit.*, pág. 398; TOMÁS POLANCO, "La Administración Pública", *loc. cit.*, pág. 336.

34. La creación por el Estado de entidades o instituciones autónomas con fines industriales y comerciales, tiene por objeto fundamental dotar a esos entes de cierta autonomía y flexibilidad para la realización de esas actividades, que no podrían ser desarrolladas cabalmente dentro de los marcos rígidos del Presupuesto Nacional. En esta forma, los establecimientos públicos que desarrollan actividades industriales y comerciales no tienen que someter su presupuesto a la aprobación del Parlamento, sino sólo a la aprobación del Ministro de tutela respectivo.[183] Por tanto, no están sometidos a la obligación presupuestaria; gracias a ello, estas instituciones están en condiciones no sólo de proceder en cualquier momento a inversiones imprevisibles, que resulten indispensables, sino de acumular fondos de reserva y practicar la autofinanciación. En este sentido, Theo Keller señala, que es precisamente esta autofinanciación la que, de acuerdo con la experiencia, confiere también a la empresa privada una agilidad especialmente grande en su política de inversiones; y esta agilidad aumenta aun en el caso de la empresa pública, porque la mayoría de las veces ésta no se verá impelida, por consideraciones impositivas, a poner las ganancias a buen recaudo mediante amortizaciones y formación de fondos de reserva.[184]

Ahora bien, el hecho de que el presupuesto del establecimiento público no se someta generalmente, junto con la ley de presupuesto estatal, a la aprobación del Parlamento, no significa que éste, indirectamente, no tenga alguna intervención presupuestaria. En efecto, puede decirse que el Parlamento posee medios financieros sobre las empresas públicas constituidas como establecimientos públicos, en la medida en que el Estado les entregue ciertas sumas a título, generalmente, de aporte o de subvención que, en todo caso, el Parlamento debe aprobar en virtud de su competencia presupuestaria general.[185] Además, en Francia, según la ley de 18 de julio de 1949, la nomenclatura de los establecimientos públicos industriales y comerciales, debe ser. enviada cada año al Parlamento junto con el Proyecto de Ley de Presupuesto; y conforme a un decreto de 18 de junio de 1956, que determina el modo de presentación del Presupuesto del Estado, el informe económico que precede al proyecto de Presupuesto debe contener un anexo relativo a las empresas públicas, el cual debe indicar, clasificadas por Ministerio de tutela, las previsiones presupuestarias de todos los organismos del sector público para los cuales se ha previsto en el Proyecto de Presupuesto, una ayuda financiera o una garantía del Estado, así como también las cuentas correspondientes al año precedente y al año en curso en la presentación del proyecto.[186]

---

183   *Cfr.* M. A. FLAMME, "Le Régime des Activités..." *loc. cit.*, pág. 423; M. A. FLAMME, "La Empresa Pública...", *loc. cit.*, pág. 29.

184   *Vid.* THEO KELLER, "La Economía propia de las Comunidades Públicas", *loc. cit.*, pág. 157; *Cfr.* GERHARDT PLÖCHL, *Die Öffentliche...*, cit., pág. 14.

185   *Cfr.* ANDRÉ DELION, *op. cit.*, pág. 71; Contraloría General de la República, La Fiscalización Superior y el Presupuesto Nacional, Ponencia Venezolana al V Congreso Internacional de Entidades Fiscalizadoras (Israel, 1965), Caracas, 1964, pág. 6.

186   *Vid.* ANDRÉ DELION, *op. cit.*, pág. 57.

35. En relación con los bienes de los establecimientos públicos industriales y comerciales, en principio están sujetos al régimen de la domanialidad. En efecto, tal como lo indica M. A. Flamme, si el establecimiento público dispone de bienes y de derechos, ello es que, por el artificio de la personalidad jurídica, el Estado ha afectado a un servicio público determinado, ciertas partes de su patrimonio y de poderes de gestión sobre el mismo. De ello se deduce que aun constituyendo una entidad distinta, el patrimonio del establecimiento público es de resto un patrimonio del Estado sometido al control del Tribunal de Cuentas.[187] En líneas generales, este mismo principio rige en Francia, aunque R. Drago señala que actualmente parece que los establecimientos públicos industriales y comerciales tengan tendencia a dejarse asimilar a empresas con forma societaria —y que tienen sus bienes "en el comercio"—, y que en interés mismo de sus relaciones comerciales ellos aceptan que sus bienes puedan ser embargados.[188] En Venezuela, por otra parte, se ha señalado que si bien los bienes pertenecientes a los institutos o establecimientos oficiales autónomos no están sometidos al régimen fiscal ordinario previsto para los bienes nacionales, es necesario advertir que el patrimonio neto de esos institutos autónomos, también pertenece a la nación. En efecto, la autonomía que a tales entidades concede la ley, en cuanto a la administración y disposición de los recursos económicos de que se les ha dotado, a los fines de la actividad que motivó su creación, no desvincula el derecho de pertenencia por parte de la nación.[189]

Sin embargo, dentro de los bienes utilizados por los establecimientos públicos económicos, es conveniente distinguir dos categorías. En primer lugar, los bienes simplemente puestos a disposición del establecimiento y que pertenecen en propiedad al poder público. Tal es el caso, en Bélgica para el *Port Autonome de Liège*, al cual el Estado y la ciudad de Lieja han aportado en goce o uso, vías de navegación y sus dependencias, que evidentemente continúan perteneciendo al dominio público del Estado o de la comuna.[190] En segundo lugar, los bienes poseídos desde su origen o adquiridos en propiedad con fondos propios del establecimiento, y que pertenecen a su dominio público o privado según los criterios tradicionales. En este último caso, es necesario indicar que todo establecimiento es evidentemente libre de adquirir, de enajenar, de arrendar, de aceptar donaciones y legados, bajo el control siempre de la autoridad de tutela, y todos esos bienes pertenecen al establecimiento en concreto.

---

187   *Vid.* M. A. FLAMME, "Le Régime des Activités...", *loc. cit.*, pág. 406. En general, sobre esto *Vid.* L. JACQUIGNON, *Le Régime des Biens des Entreprises Nationales*, París, 1956, Vol. I, pág. 210 y sig.

188   *Vid.* R. DRAGO, "Le Régime des Activités...", *loc. cit.*, pág. 455; A. G. DELION, Le Statut des Entreprises Publiques, París, 1963, pág. 230.

189   *Vid.* Contraloría General de la República, *La Contabilización y el Control del Patrimonio Estatal*, Ponencia Venezolana al II Congreso Latinoamericano de Entidades Fiscalizadoras (Chile, 1965), Caracas 1965. pág. 10.

190   *Vid.* M. A. FLAMME, "Le Régime des Activités...", *loc. cit.*, pág. 407.

36. Por otra parte, y en cuanto al régimen del personal de los establecimientos públicos industriales o comerciales, las soluciones del Derecho Comparado no son uniformes. En efecto, en Bélgica y Austria, el personal de los establecimientos públicos se encuentra normalmente en una situación legal y reglamentaria, y ello, porque el régimen de Derecho Público para el personal permite realizar mejor el fin de servicio público perseguido, al permitir, por ejemplo, que la autoridad competente pueda modificar unilateralmente el estatuto reglamentario según las necesidades del servicio. En todo caso, dicha situación rige fundamentalmente para los empleados, pudiendo los obreros ser contratados conforme a las normas generales sobre el contrato de trabajo, como sucede en Bélgica, España y Venezuela.[191]

Sin embargo, otro gran sector del Derecho Comparado niega el estatuto de funcionarios públicos al personal de los establecimientos públicos industriales y comerciales. En relación a Francia, R. Drago ha señalado que dicho personal está sometido íntegramente a un estatuto de Derecho Privado, aun cuando en ciertas empresas, existan estatutos resultantes de actos reglamentarios (empresas de electricidad y gas). En todo caso, aun en estos últimos supuestos, las relaciones entre el personal y la empresa están reguladas íntegramente por el Derecho Privado.[192] En cuanto al director del establecimiento, sin embargo, su estatuto es un estatuto de Derecho Público: él asegura la dirección general de la empresa, teniendo de hecho, generalmente, un poder de decisión extremadamente extendido y ejerce su autoridad sobre el conjunto del personal. [193]

En todo caso, y aun cuando en estos sistemas el régimen del personal sea, en general, el régimen laboral de Derecho Privado existe una limitación concreta en relación al derecho de huelga. En Francia, este derecho se encuentra limitado por la institución de preaviso de cinco días y por la prohibición de las huelgas "*tournantes*", instituidas por la ley de 31 de julio de 1963. Por otra parte, siempre que se trate de servicios destinados a satisfacer necesidades fundamentales, y cuando una huelga pueda atentar contra esas necesidades de manera suficientemente grave, el gobierno puede proceder a la requisición del personal.[194] Esta última situación se presenta en forma similar en Venezuela.[195]

---

191   *Vid.* M. A. FLAMME, *Le Régime des Activités...*, cit., (multigrafiada), pág. 37; M. A. FLAMME, "La Empresa Pública...", *loc. cit.*, pág. 26, GERHARDT PLÖCHL, *Die Öffentliche...*, cit., pág. 7; J. L. VILLAR PALASÍ, "La Actividad Industrial del Estado...", *loc. cit.*, pág. 82.

192   *Vid.* R. DRAGO. "Le Régime des Activités...", *loc. cit.* pág. 454; *Cfr.* G. LANGROD, "L'Entreprise Public en Droit Administratif Comparé", *loc. cit.*, pág. 227; DU PONT, *op. cit.*, pág. 119; A. G. DELION, *Le Statut...*, cit., pág. 166 y sig., A. MARTIN-PAN-NETIER, *Eléments d'analyse comparative...* cit, pág. 173.

193   *Cfr.* R. DRAGO, "Le Régime des Activités...", *loc. cit.*, pág. 454.

194   *Cfr.* R. DRAGO, "Le Régime des Activités...", *loc. cit.*, pág. 454.

195   *Vid.* A.R. BREWER C., "El Derecho de Huelga en el concepto de Libertad en el Estado Moderno", *RFD*, N° 21, 1961, pág. 280.

C)   Régimen jurídico externo

37. El principio general en cuanto al régimen jurídico exterior de los establecimientos públicos industriales y comerciales, y es quizás esto lo que los caracteriza frente al establecimiento público clásico, es que está regido por el Derecho Privado y concretamente por el Derecho Comercial,[196] y en esta forma, los contratos concluidos con sus clientes y suministradores, y la responsabilidad frente a sus clientes, proveedores y terceros, están regulados por el Derecho Privado.

38. Por otra parte, siendo el objeto de los establecimientos industriales y comerciales indudablemente comercial, es el Tribunal de Comercio el competente para conocer de las controversias que nazcan de sus relaciones contractuales y cuasidelictuales con el público en general, proveedores y usuarios.[197]

39. Ahora bien, aun cuando la situación anterior sea general en el Derecho Comparado, es necesario hacer una distinción entre los establecimientos económicos que gestionan un servicio público y aquellos que no lo hacen. Generalmente, cuando se trata de un servicio público industrial o comercial, las relaciones con los usuarios pueden estar reguladas algunas veces por normas de Derecho Público. En efecto, en Alemania, señala K. Vogel, la relación con los usuarios está reglamentada en todas las instituciones públicas por los estatutos de cada una de ellas, y así, por ejemplo, la relación de uso con el Correo Federal es considerada por la opinión dominante como una relación de Derecho Público y la relación con los Ferrocarriles Federales, como de Derecho Civil. Como consecuencia de ello, para los litigios entre las instituciones públicas y sus usuarios son competentes los tribunales administrativos, en cuanto a la configuración jurídica pública de la relación de uso, y en los demás casos —y sobre la base de una disposición legal especial, también para las relaciones jurídicas públicas de uso en la esfera del Correo Federal—, los tribunales civiles.[198]

40. Por otra parte, el hecho de que el establecimiento público tenga el carácter de persona pública, lo hace gozar en diversas oportunidades de algunas prerrogativas estatales y de beneficios especiales.

En primer lugar, en Bélgica, por ejemplo, existe prohibición para los establecimientos públicos, como para toda persona pública territorial, de ser parte de un procedimiento arbitral; situación que, contraria a la que rige en Italia, Alemania y los Países Bajos, ha sido criticada por M. A. Flamme.[199]

---

196   *Cfr.* R. DRAGO, "Le Régime des Activités...", *loc. cit.*, págs. 452, 455 y 456; M. A. FLAMME, "Le Régime des Activités...", *loc. cit.*, pág. 415; M. S. GIANNINI, "Sobre las Empresas Públicas", *loc. cit*, pág. 16; M. S. GIANNINI, *Le Régime des Activités...*, *cit.*, pág. 5; GERHARDT PLÖCHL. *Die öffentliche...*, *cit.*, pág. 4.

197   *Cfr.* M. A. FLAMME, "Le Régime des Activités...", *loc. cit.*, págs. 415 y 416; DU PONT, *op. cit.*, pág. 64; GERHARDT PLÖCHL, *Die Öffentliche...*, cit., pág. 16; F. FRANCHINI, "Aspects Juridiques de l'Intervention de l'Etat...", *loc. cit.*, pág. 239.

198   *Vid.* KLAUS VOGEL, *Die Wirstchaftliche...*, cit., págs. 8 y 15.

199   *Vid.* M. A. FLAMME, *Le Régime des Activités...*, cit. (multigrafiada), págs. 62 a 65.

En segundo lugar, numerosos establecimientos aun de carácter industrial y comercial, gozan de determinadas prerrogativas de la puissance public, como, por ejemplo, del poder de expropiación en Bélgica y Venezuela [200] y de la imposibilidad de que se ejerzan contra ellos, vías de ejecución forzosa. Los establecimientos públicos en Bélgica gozan de esta última prerrogativa con carácter general,[201] y en Venezuela sólo cuando la ley especial se los otorga.[202] En Francia, aun cuando el principio general es que los bienes de los establecimientos públicos son inembargables, parece haber una tendencia como se dijo, en el sentido de que algunas veces los establecimientos, en interés de sus relaciones comerciales, acepten que sus bienes puedan ser embargados.[203]

Por otra parte, ciertos establecimientos públicos comerciales e industriales gozan, en virtud de la naturaleza de su actividad, de una situación de monopolio, como, por ejemplo, en Finlandia y en relación a la importación, la Oficina Estatal de Cereales.[204]

En cuanto al régimen fiscal, en principio, dada la actividad que desarrollan estos establecimientos, es el régimen fiscal de Derecho común.[205]

Sin embargo, en múltiples ocasiones, el Estado exonera por vía particular de todos o ciertos impuestos a determinados establecimientos, para fomentar su desarrollo, tal como sucede en Bélgica, Alemania y Venezuela.[206]

41. Por último, y en relación con el régimen jurídico exterior de los establecimientos públicos comerciales e industriales, es necesario precisar en el Derecho Comparado, si éstos tienen o no la calidad de comerciantes.

En efecto, ya el mismo problema se ha planteado al analiza* la actuación del Estado a través de sus servicios no descentralizados ni personalizados. En estos casos, cuando el servicio público comercial e industrial es explotado directamente por el Estado, sus actividades son imputables al Estado mismo: la persona moral que actúa por intermedio del servicio público industrial y comercial es el Estado, y éste, como hemos visto, no puede adquirir la calidad de comerciante. En efecto, un comerciante es una persona que se dedica habitualmente al comercio, haciendo de éste su profesión, y el Estado no puede hacer del comercio una profesión. Él puede,

---

200 *Vid.* M. A. FLAMME, "Le Régime des Activités...", *loc. cit.*, pág. 419; ELOY LARES MARTINEZ, Manual de Derecho Administrativo, cit., pág. 447.

201 *Vid.* M. A. FLAMME, "Le Régime des Activités...", *loc. cit.*, pág. 419.

202 *Vid.* Artículo 74 de la Ley Orgánica de la Hacienda Pública Nacional de Venezuela.

203 *Vid.* R. DRAGO, "Le Régime des Activités...", *loc. cit.*, pág. 455.

204 *Vid.* TORE MODEEN, *Le Régime des Activités...*, cit., pág. 19.

205 *Cfr.* R. DRAGO, "Le Régime des Activités...", *loc. cit.*, pág. 457.

206 *Vid.* M. A. FLAMME, "Le Régime des Activités...", *loc. cit.*, pág. 419; KLAUS VOGEL, *Die Wirstchaftliche...*, cit., pág. 11. En Venezuela, *Vid.* el Artículo 74 de la Ley Orgánica de la Hacienda Pública Nacional.

ciertamente, realizar actividades comerciales en cierto sector por intermedio de servicios económicos no personalizados, pero él no puede ser denominado comerciante, pues su objetivo fundamental es la defensa del interés general y no la búsqueda de un fin lucrativo. Sin duda, como hemos visto, el servicio económico en *régie* se verá sometido a ciertas reglas de Derecho Privado, como sucede en todo caso con los servicios públicos *a gestion privée*, pero él no será comerciante, ni estará sometido in totum, por ello, al Código de Comercio.

Supongamos ahora, dice el Decano G. Vedel, que un servicio público industrial y comercial, recibe la personalidad moral y se encuentra así erigido en establecimiento público industrial y comercial; ¿cuál va a ser la consecuencia? Se trata de una persona moral que tiene no solamente como actividad, sino como razón de ser, el hacer el comercio. Aquí la situación cambia profundamente, pues no se está en presencia del Estado que accesoriamente realiza actividades comerciales, sino de una persona moral cuya razón de ser es el hacer el comercio.[207]

Ante este problema, que está planteado todavía, pues las opiniones son contradictorias, G. Vedel concluye preguntándose si el establecimiento público de carácter industrial y comercial no es una categoría nueva del Derecho Administrativo francés, una persona pública comerciante, o más brevemente, un comerciante público".[208]

En el Derecho Comparado la situación, asimismo, no es uniforme. En efecto, en Austria, las instituciones públicas independientes son consideradas como comerciantes, según el Derecho Mercantil, porque explotan un negocio, y están inscritas en el Registro de Comercio.[209] En Francia, aun cuando en la doctrina se haya discutido sobre la calidad de comerciantes de los establecimientos públicos industriales y comerciales, R. Drago señala que hoy las empresas públicas tienen la calidad de comerciantes y deben inscribirse en el Registro de Comercio. En relación con esto último, el decreto de 9 de agosto de 1953, reformatorio del Registro de Comercio, ha exigido la inscripción de toda empresa pública francesa constituida bajo la forma de un establecimiento público de carácter industrial y comercial con personalidad civil y autonomía financiera, fórmula que ha sido acogida por el decreto de 27 de diciembre de 1958, sobre el Registro de Comercio.[210]

En Bélgica, por el contrario, la solución que la jurisprudencia ha dado al problema ha sido la de considerar que los establecimientos públicos, aun cuando realicen operaciones comerciales habitualmente, no pueden considerarse como comerciantes, y esta solución tiene una evidente importancia práctica: los organismos

---

207   *Vid.* G. VEDEL, *Droit Administratif,* cit., Tomo II, pág. 470.

208   *Vid.* G. VEDEL, *op. cit.,* Tomo II, pág. 471.

209   *Cfr.* GERHARDT PLÖCHL, *Die Öffentliche...,* cit., pág. 11.

210   *Vid.* R. DRAGO, "Le Régime des Activités...", *loc. cit.,* pág. 456; A. DE LAUBADÉRE, *Traité Elémentaire de Droit Administratif,* Vol. 3. Paris, 1966, pág. 593; A. MARTIN-PANNETIER, *Éléments d'analyse comparative...,* cit., pág. 178

señalados, no siendo comerciantes, no están obligados a llevar libros de comercio ni a inscribirse en el Registro de Comercio y, en todo caso, el procedimiento de quiebra les es inaplicable.[211]

En Italia, el artículo 7 del Código de Comercio, al sancionar que el Estado, las Provincias y los Municipios, aun pudiendo cumplir actos de comercio, no se convierten en comerciantes, según T. Ascarelli, no enuncia más que un caso particular de una regla más general; en efecto, todas las personas públicas, precisamente porque son tales, se proponen necesariamente una finalidad pública y no la de llevar a cabo profesionalmente actos de comercio; el cumplimiento profesional de actos de comercio no puede más que constituir un medio para la mejor obtención de aquella finalidad pública para la cual están constituidas.[212] En Venezuela, y ante la redacción similar que trae el artículo 7 del Código de Comercio, se podría hacer el mismo razonamiento, aun cuando en base a una vieja jurisprudencia el profesor R. Goldschmidt haya sostenido que, si sus normas reguladoras no se lo prohíben, los institutos autónomos pueden, adquirir la calidad de comerciantes.[213]

Por último, la opinión de la doctrina española es que ni el Estado ni las otras corporaciones de Derecho Público pueden recibir la calificación de comerciantes, ya que la finalidad de las corporaciones públicas no es jamás el ejercicio del comercio, y si la actividad mercantil se cruza en sus funciones, es siempre de modo accesorio y, precisamente, para la defensa de un interés público.[214]

D) Formas jurídicas especiales

42. Aparte del establecimiento público industrial y comercial, configurado como antes se ha visto, como una persona jurídica con forma de Derecho Público, el Derecho Comparado nos muestra algunos entes que también realizan actividades comerciales e industriales y que a pesar de ser personas públicas, dadas sus funciones y características peculiares, la ley les ha asignado una forma típica del Derecho Privado. Tal es el caso de los establecimientos públicos con forma societaria en Bélgica (*Banque Nationale*),[215] y en Finlandia (*Alkoholiliike* —Sociedad de Alcoholes—; *Yleisradio* —Sociedad de Radiodifusión—),[216] y del Banco Central de Venezuela, que a pesar de ser una persona pública, tiene la forma de sociedad anónima atribuida por su ley creadora.[217]

---

211   *Cfr.* M. A. FLAMME, "Le Régime des Activités...", *loc. cit.*, pág. 416.

212   *Vid.* TULIO ASCARELLI, *Introducción al Derecho Comercial*, Buenos Aires, 1947, pág. 73.

213   *Vid.* ROBERTO GOLDSCHMIDT, *Curso de Derecho Mercantil*, Caracas, 1964, pág. 77; OSCAR LAZO, *Código de Comercio de Venezuela*, Caracas, 1963, pág. 76.

214   *Vid.* J. GARRIGUES, *Curso de Derecho Mercantil*, Tomo I, Madrid, 1955, pág. 250.

215   *Vid.* M. A. FLAMME, "Le Régime des Activités...", *loc. cit.*, pág. 399.

216   *Vid.* TORE MODEEN, *Le Régime des Activités...*, cit., págs. 13 y 14.

217   *Vid.* ELOY LARES MARTÍNEZ, *Manual de Derecho Administrativo*, cit., págs. 264 y 265.

43. Para estos establecimientos o personas públicas dotados de forma societaria rigen, en líneas generales, algunos de los principios que han sido señalados con anterioridad en relación a los establecimientos públicos.

Sin embargo, aun cuando en Bélgica no se les atribuye a estos entes públicos con forma societaria la calidad de comerciantes, [218] en Venezuela, al tener la forma de sociedad anónima y no habiendo disposición legal en contrario, conforme lo preceptuado por el Código de Comercio, es necesario atribuirles esa calidad.[219]

44. Por otra parte, y también como forma especial de persona pública utilizada por el Estado para desarrollar sus actividades industriales y comerciales, el Derecho alemán nos muestra, aunque de utilización poco frecuente y sin mayor importancia,[220] las corporaciones de Derecho Público, entendiendo por tales aquellas asociaciones de Derecho Público con capacidad jurídica, organizadas sobre la base de la cualidad de socio de sus miembros y que garantizan el cumplimiento de objetivos estatales con medios soberanos y bajo la vigilancia del Estado. [221] En esta forma, la corporación de Derecho Público se distingue ante todo de las otras entidades administrativas autónomas, porque es una asociación, por lo que todo el edificio de la Corporación Pública descansa sobre la base de la cualidad de socio.

45. Dentro de esta misma categoría de las corporaciones de Derecho Público podemos incluir algunas de las figuras que, en Bélgica, M. A. Flamme denomina asociaciones de Derecho Público, es decir, servicios públicos personalizados, instituidos por el procedimiento de la asociación de personas públicas exclusivamente. Estas asociaciones de Derecho comprenden cooperativas de los poderes públicos (asociaciones de personas públicas que se caracterizan por la consideración del principio cooperativo: *Crédit Communal* de Bélgica, *Société nationale du Logement*); y asociaciones intercomunales puras, agrupando exclusivamente, con la forma jurídica que sea, personas públicas (comunas, provincias, etc.), sea en vista de un objeto de interés comunal bien determinado, sea en vista de promover la ordenación económica regional.[222] Estas asociaciones de Derecho Público hacen aplicación de los principios cooperativos en cuanto a su funcionamiento interno, aunque su personal se encuentra sometido generalmente a un régimen estatutario o reglamentario, sus bienes pueden estar sometidos al régimen de la domanialidad pública y no se las considere como comerciantes.[223]

---

218   *Vid.* M. A. FLAMME, "Le Régime des Activités...", *loc. cit.*, pág. 416.

219   *Vid.* artículo 10 del Código de Comercio de Venezuela.

220   *Cfr.* KLAUS VOGEL, *Die Wirstchaftliche...*, cit., pág. 3; THEO KELLER, "La Economía propia de las Comunidades Públicas", *loc. cit.*, pág. 157.

221   *Vid.* ERNST FORSTHOFF, *op. cit.*, pág. 628.

222   *Vid.* M. A. FLAMME, "Le Régime des Activités...", *loc. cit.*, pág. 393.

223   *Cfr.* LAUREANO LÓPEZ RODÓ, "Las Empresas Nacionalizadas...", *loc. cit.*, pág. 394.

4. FORMAS JURÍDICAS INTERMEDIAS

A) Introducción

46. Aparte de la categoría jurídica antes estudiada, es decir, de los establecimientos públicos industriales y comerciales que, con sus peculiares variantes en uno u otro país, aparecen siempre como personas públicas no territoriales, y sin que por otra parte pueda catalogárselas íntegramente como personas jurídicas con forma de Derecho Privado, surgen en el Derecho Comparado dos series de empresas estatales semipúblicas que es necesario estudiar como categorías jurídicas intermedias.

47. En efecto, en los países anglosajones, y concretamente en el Derecho inglés, no está establecida con mucha claridad la distinción entre sujetos públicos y privados. Ello se debe, señala López Rodó, a que en su régimen tradicional no existían personas de Derecho Público, puesto que no había un *jus singulare* para la administración, y todos los sujetos se hallaban sometidos a los tribunales ordinarios.[224] Por otra parte, sólo ha sido en la primera mitad de este siglo cuando la administración ha ido conquistando prerrogativas y se ha encontrado sometida a un régimen jurídico especial, creándose tribunales administrativos que invaden el campo de la justicia; y aunque por ello pueda ahora comenzarse a hablar de sujetos públicos y privados, según el estatuto legal a que estén sometidos o según el mayor parentesco que guarden con los sujetos de uno y otro tipo, las *Public Corporations* no pueden catalogarse exclusivamente en una u otra categoría, ya que presentan un carácter semipúblico, aun cuando pueda decirse que existe en ellas una presunción a favor de su carácter público.[225]

48. Por otra parte, en los países de economía planificada, donde el proceso de las nacionalizaciones se hizo aplicando rápidamente las reformas necesarias, sin perder tiempo en realizar estudios profundos, surgieron una serie de formas heterogéneas que han venido a intercalarse entre el hecho de encargarse el Estado directamente de una actividad económica en su calidad de persona jurídica de Derecho Público, y, por otra parte, el mantenimiento aparente de los sujetos de Derecho existentes anteriormente. En esta forma, han surgido las empresas estatales. En ellas, el doble deseo del legislador de someter, por medio de las nacionalizaciones, el conjunto de la vida económica a sus directrices, y de establecer una separación entre el Estado y el patrimonio al igual que la personalidad, de los sujetos encargados de animar la vida económica según los lineamientos del mismo, ha dado por resultado, según afirma Katzarov, la creación de un Derecho material particular —mezcla de Derecho Privado, de Derecho Administrativo y de Derecho Público—[226] bajo cuyo régimen esos sujetos tienen que actuar.

---

224 *Vid.* LAUREANO LÓPEZ RODÓ, "Las Empresas Nacionalizadas en Inglaterra", *loc. cit.*, pág. 393

225 *Cfr.* LAUREANO LÓPEZ RODÓ, "Las Empresas Nacionalizadas...", *loc. cit.*, pág. 394.

226 *Vid.* K. KATZAROV, *op. cit.*, págs. 311, 312, 328 y 329-

Por ello, en Polonia a estas empresas estatales se las considera como una institución compleja: así, por ejemplo, las relaciones jurídicas en las cuales entra la empresa participando en relaciones económicas con otros organismos y poniéndose en contacto con otros sujetos económicos, son regidas ante todo por las normas de Derecho Civil. Las relaciones jurídicas entre la empresa y los órganos superiores, al contrario, son regidas principalmente por normas de Derecho Administrativo y Financiero, pero en una medida cada vez mayor, también por normas de Derecho Civil.[227]

Por tanto, y no pudiendo catalogar en forma rígida las empresas estatales de los países socialistas ni dentro de la categoría de las personas públicas ni de las personas privadas,[228] es necesario estudiarlas también como formas jurídicas intermedias.

B)   Las *Public* y las *Government Corporations*

a)   Introducción

49. En relación a la *Public Corporation* británica, debe señalarse que no resulta fácil precisar su concepto, ya que, aparte de ser un término muy amplio que abarca no sólo las entidades que rigen empresas nacionalizadas de carácter económico, sino también las que atienden otros fines (de tipo político, social, cultural, etc.), aun respecto de las de tipo económico solamente, no existe en Inglaterra una legislación uniforme, sino que adoptan muy diversas formas y modalidades. [229] Sin embargo, y ante todo, como ha dicho Robson, la *Public Corporation*, debe considerarse como una persona jurídica o legal que puede comparecer en justicia y ser perseguida ante los tribunales en materia contractual y delictual; y está sometida a la ley nacional ordinaria, salvo las excepciones expresamente establecidas en su ley de creación. [230] Esto, por otra parte, ha sido claramente establecido por la *Court of Appeal* que se ocupó, en el caso *Tamlin vs. Hannaford*, en 1950, del status legal de la *British Transport Commission*, declarando que "ante la ley la Corporation es dueña de sí misma y, en consecuencia, tan plenamente responsable como cualquier otra persona o corporación; no es la Corona y no tiene ninguna de sus inmunidades o privilegios. Sus funcionarios no son funcionarios públicos y sus bienes no son bienes de la Corona. Está tan sujeta a las leyes (*acts*) del Parlamento como cualquier otro súbdito del Rey. Es, desde luego, una autoridad pública, y sus fines son sin ninguna duda fines públicos, pero no es en ab-

---

227   *Cfr.* ZYGMUNT RYBICKI, "Le Régime des Activités...", *loc. cit.*, pág. 266.

228   *Cfr.* K. KATZAROV, *op. cit.*, pág. 337, del mismo autor, "Les Nationalisations en Bulgarie", en *Les Nationalisations en France et à l'Étranger (Les Nationalisations à l'Étranger)*, Paris, 1958, págs. 162 y 167.

229   *Cfr.* LAUREANO LÓPEZ RODÓ, "Las Empresas Nacionalizadas en Inglaterra", *loc. cit.*, pág. 388. De ahí que Gustavo Lessa constate la ausencia casi absoluta de definiciones de la Public Corporation en la doctrina inglesa: *Vid.* GUSTAVO LESSA, *As Corporales Públicas na Gra-Bretanha*, Rio de Janeiro (s/f), pág. 9.

230   *Vid.* W. A. ROBSON, Les Nationalisations en Grande-Bretagne. en *Les Nationalisations en France et a l'étranger (Les Nationalisations á l'etranger)*, París, 1958, pág. 28; del mismo autor, "La Public Corporation en Gran Bretaña", *RAP*, N° 22, 1957, pág. 115.

soluto un Departamento gubernamental ni sus poderes son poderes de gobierno".[231] De esto queda, pues, absolutamente claro, que una *Public Corporation* no es ni servidor ni agente de la Corona, está sujeta al Derecho común del país en la misma medida aproximadamente que una compañía comercial o una persona privada, exceptuándose sólo las especiales inmunidades concedidas por la ley de creación.[232] Sin embargo, son consideradas, por otra parte, como organismos administrativos autónomos encargados de dirigir e intervenir un determinado sector de la economía;[233] de ahí que S. Marín Marín las catalogue en un estadio intermedio entre el establecimiento público y las sociedades del Estado, con forma de Derecho Privado.[234]

Por tanto, y dado este carácter semipúblico de las *Public Corporations* inglesas, ellas ameritan un estudio separado junto con las *Government Corporations* norteamericanas.

50. En efecto, las corporaciones del Gobierno norteamericanas han sido consideradas también como empresas de propiedad pública que han sido incorporadas al Derecho Federal, estatal o local para un negocio particular o un propósito financiero. Están calcadas sobre los moldes de las corporaciones privadas y generalmente gozan de la facultad de realizar empréstitos, retener beneficios y operar libres de los controles ordinarios fiscales y personales del Gobierno, y, como tales, también tienen capacidad para demandar o ser demandadas en juicio.[235] Hay que señalar, sin embargo, que las *Government Corporations* también carecen de un estatuto jurídico uniforme, por lo que la enumeración de sus características habrá de hacerse, asimismo, en términos de gran generalidad. Además, esta falta de uniformidad se refleja fundamentalmente en las notas que marcan su grado de conexión a la Administración Federal americana,[236] por lo que su configuración jurídica general como persona pública o privada se hace más difícil. Es necesario señalar, sin embargo, que Pfiffner, al constatar la práctica de la creación de personas jurídicas públicas dotadas de cierta autonomía, pero más o menos dependientes del Estado, que existe en el Derecho europeo, concluye señalando que las corporaciones del Gobierno norteamericanos podrían ocupar un lugar paralelo a los *établissements publics* franceses y a los *enti parastatali* italianos.[237]

---

231   *Vid.* WILLIAM A. ROBSON, *Industria Nacionalizada y Propiedad Pública*, Madrid, 1964, pág. 71.

232   *Cfr.* W. A. ROBSON, "La Public Corporation en Gran Bretaña", *loc. cit.*, pág. 115.

233   *Cfr.* F. GARRIDO FALLA, "Las Empresas Públicas", *loc. cit.*, pág. 137; M. A. FLAMME, "La Empresa Pública...", *loc. cit.*, pág. 81.

234   *Vid.* S. MARÍN MARÍN, *Aspectos de la Administración Pública Autonómica*, cit., pág. 274.

235   *Cfr.* F. GARRIDO FALLA, "La Intervención Administrativa en Materia Económica y las Corporaciones del Gobierno en Norte América", *loc. cit.*, pág. 417; J. N. HAZARD, *Law Regulating...*, cit., pág. 7; ALBERT S. ABEL, "La Corporación Pública en los Estados Unidos", *ICE*, marzo 1964, pág. 143.

236   *Cfr.* F. GARRIDO FALLA, "La Intervención Administrativa...", *loc. cit.*, pág. 423.

237   *Vid.* PFIFFNER, *Public Administration*, Nueva York, 1946, pág. 114.

En todo caso, debe indicarse que las *Government Corporations* que tuvieron como modelo las *Publics Corporations* británicas, se han alejado progresivamente de las ventajas de estas últimas, sobre todo debido al *Government Corporation Control Act* de 1945 que, según afirma Pritchett, convirtió materialmente a las corporaciones del Gobierno en agencias parecidas a los departamentos usuales del mismo, debido a la fiscalización que estableció.[238] Ello, unido a los dispositivos de la *Ramspeck Act* de 1940 han conducido a A. Abel a indicar que dichas normas han recortado, global y sistemáticamente, los rasgos distintivos que daban a esas corporaciones utilidad, hasta el punto de que, sin una modificación de la legislación, resulta difícil percibir para qué finalidades pueden servir actualmente en los Estados Unidos.[239] Por el contrario, J. N. Hazard ha afirmado que si bien a través de los *Acts* de 1940 y 1945 se ha tratado de reafirmar el control del Congreso sobre las *Government Corporations* como si fueran agencias gubernamentales normales, ello no ha anulado la flexibilidad de algunas de dichas instituciones conforme al modelo británico; y si bien en todo caso en el ámbito nacional la situación es discutida, en el ámbito estadal no hay duda de que las *Government Corporations* siguen funcionando de acuerdo al modelo británico.[240]

51. En todo caso, en los países anglosajones se ha considerado que la *Public Corporation* es la forma jurídica más moderna y más común[241] para la gestión de empresas económicas por parte del Estado, ya que a través de ella, generalmente, se consigue un alto grado de libertad, agilidad, decisión y audacia en la gestión de las empresas estatales de carácter industrial y comercial, ante el deseo de escapar a la cautela y circunspección que van inevitablemente asociadas a las dependencias gubernamentales.[242] De ahí que Robson haya señalado a la moderna *Public Corporation*, como una innovación constitucional que revela la tendencia a ampliar la unidad administrativa hasta proporciones regionales o nacionales; a divorciar la administración de las empresas de carácter económico, industriales o de utilidad pública, de las actividades ordinarias de gobierno; a separar la economía de estas entidades del presupuesto nacional; y a eliminar el incentivo del lucro sustituyéndolo por el servicio público.[243]

---

238   *Vid.* HERMAN PRITCHETT, "The Government Corporation Control Act of 1945", *The American Political Science Review* (1946). pág. 495, cit. por J. N. HAZARD, Law Regulating..., pág. 5; *Cfr.* HAROLD SEIDMAN, "The Government Corporation in the United States", *Public Administration*, Vol. XXXVII, Summer 1959; *Vid.* en comentario bibliográfico de M. Tejerina Pedruelo, *RAP*, N° 30, 1959, pág. 362.

239   *Vid.* ALBERT ABEL, "La Corporación Pública en los Estados Unidos", *loc. cit.*, pág. 142

240   *Vid.* J. N. HAZARD, *Law Regulating...*, cit., pág. 9.

241   *Vid.* ONU, *Manual de Administración Pública*, Nueva York, 1962 (61. 11. H. 2), pág. 88; *Vid.* ONU, *Some Problems in the Organization and Administration of Public Enterprises in the Industrial Field*, cit., pág. 9

242   *Cfr.* W. A. ROBSON, "La Public Corporation en Gran Bretaña", *loc. cit.*, págs. Ill y 114.

243   *Vid.* W. A. ROBSON, "La Public Corporation en Gran Bretaña", *loc. cit.*, pág. 124.

52. En los párrafos que siguen y bajo la denominación genérica de *Public Corporation*, intentaremos señalar sumariamente los rasgos esenciales del régimen jurídico interno y externo de estas instituciones en Gran Bretaña, Estados Unidos, y en los países que, en una u otra forma, han recibido la influencia directa del sistema jurídico de éstos, como sucede principalmente en algunos de los Estados del Lejano Oriente.[244]

b) Régimen jurídico interno

53. Ante todo debe señalarse que generalmente, las *Public Corporations* son creadas o reguladas por un acto legislativo que establece sus poderes, deberes e inmunidades, que prescribe la forma de su gestión y dirección, y que, sobre todo, establece la regulación de sus relaciones con los departamentos ministeriales.[245] Esto surge con toda claridad en el caso de las nacionalizaciones inglesas, donde la mayoría de los *Acts* nacionalizadores son leyes, extensas y detalladas, reguladoras de una determinada empresa o industria.[246]

En este sentido, y dada la regulación de la persona jurídica por ley, las *Public Corporations* se asemejan a las personas públicas del Derecho europeo continental, como, por ejemplo, a las instituciones públicas alemanas,[247] a los establecimientos públicos franceses, [248] y a los institutos oficiales autónomos del Derecho venezolano. [249]

54. Generalmente, la dirección de la corporación pública está a cargo de un Consejo Directivo o de administración cuyo nombramiento y remoción corresponde al Poder Ejecutivo.[250]

El Consejo Directivo tiene, en principio, autonomía en la gestión de la empresa, lo que no impide que tenga una gran dependencia respecto al Ministro correspondiente, la cual día a día va acentuándose. [251] En este sentido, dice Robson, en Inglaterra, no existe ningún límite a la facultad ministerial de dar instrucciones, y el Consejo de Administración de la empresa tiene una ilimitada obligación estatutaria

---

244   *Vid.* ONU, *Some Problems in the Organization and Administration of Public Enterprises in the Industrial Field*, cit., pág. 9; R. C. MASCA- RENHAS, "A General Law for Public Enterprise in India", *RISA*, 1964, N° 4, págs. 397 y sig.

245   *Cfr.* ONU, *Some Problems in the Organization...*, cit., pág. 9; S. MARÍN MARÍN, *Aspectos de la Administración Pública Autonómica*, cit., pág. 290.

246   *Cfr.* W. A. ROBSON, "La Public Corporation en Gran Bretaña", *loc. cit.*, pág. 112.

247   *Vid.* E. FORSTHOFF, *op. cit.*, pág. 644.

248   *Vid.* J. RIVERO, *op. cit.*, pág. 404.

249   Artículo 230 de la Constitución de Venezuela de 1961.

250   *Cfr.* W. A. ROBSON, *Industria Nacionalizada y Propiedad Pública*, cit., pág. 69; L. LÓPEZ RODÓ, "Las Empresas Nacionalizadas en Inglaterra", *loc. cit.*, pág. 391; J. N. HAZARD, *Law Regulating...*, cit., pág. 4.

251   *Cfr.* L. LÓPEZ RODÓ, "Las Empresas Nacionalizadas...", *loc. cit.*, pág. 390.

de dar cumplimiento a dichas instrucciones.[252] Sin embargo, en principio, no existe con generalidad la responsabilidad del Ministro ante el Parlamento por la administración de la empresa; [253] esa responsabilidad se reduce exclusivamente a aquellas materias en las cuales el Ministro puede fiscalizar a la misma.[254]

En los Estados Unidos también ha habido un proceso de disminución de la autonomía del Consejo Directivo en la gestión de las *Government Corporations*. En este sentido, J. N. Hazard indica que el modelo británico de corporación pública, en el cual se basó el establecimiento de la *Tennessee Valley Authority*, configuraba una forma jurídica que permitía a la dirección de la Corporación actuar con más autonomía de la que poseía el director de una Agencia del Gobierno en los Estados. Según la forma del modelo británico, el Presidente de los Estados Unidos tenía un control muy limitado sobre la dirección de las corporaciones; sin embargo, esta forma, tal como la aplicó Roosevelt, fue ligeramente alterada, pues las corporaciones no estaban desprovistas de todo control, ya que cuando, por ejemplo, el director de la *Tennessee Valley Authority* rehusó dar alguna información que le fue requerida, fue destituido.[255] Sin embargo, en todo caso, es necesario convenir que la virtud principal de la *Government Corporation* es su autonomía, o sea, su derecho a dirigir sus propios asuntos, por lo que, en este caso, autonomía significa la concentración de los poderes de dirección en personas competentes, a las que se concede "manos libres" para lograr los resultados deseados. Siendo, pues, una entidad separada y distinta, manejada por sus propios directores, la corporación es intrínsecamente más hábil para triunfar en ciertos campos que el departamento ordinario de la administración. [256] En todo caso, y en la evolución de la autonomía de las *Government Corporations* en los Estados Unidos, se puede ver una clara tendencia hacia la integración de esas empresas en la administración central, tal como lo propuso en 1949 la *Hoover Commission*.[257]

Por último, y en relación al Consejo Directivo de las *Public Corporations*, es necesario indicar que en Inglaterra, este es un órgano esencialmente no político, y sus miembros no están obligados a jurar fidelidad al partido que esté en el poder. En ningún caso pueden ser designados los miembros del Parlamento para formar parte de dichos Consejos, lo cual constituye, sin duda, un principio autolimitador

---

252   *Vid.* W. A. ROBSON, *Industria Nacionalizada...*, cit., pág. 73.

253   *Cfr.* W. A. ROBSON, *Industria Nacionalizada...*, cit., pág. 61.

254   *Cfr.* W. A. ROBSON, *Industria Nacionalizada...*, cit., pág. 65; W. A. ROBSON, "La Public Corporation en Gran Bretaña", *loc. cit.*, pág. 121; L. LÓPEZ RODÓ, "Las Empresas Nacionalizadas en Inglaterra", *loc. cit.*, pág. 400.

255   *Vid.* J. N. HAZARD, Law Regulating..., cit, pág. 4.

256   *Cfr.* M. E. DIMOCK, "Government Corporation: A Focus of Policy and Administration", en The American Political Science Review, N° 5, 1949, pág. 913, cit. por F. GARRIDO FALLA, "La Intervención Administra tiva...", *loc. cit.*, pág. 422.

257   *Vid.* F. GARRIDO FALLA, "La Intervención Administrativa...", *loc. cit.*, págs. 428 y 429.

de considerable valor para mantener la integridad de la vida política. También los funcionarios están excluidos de los Consejos de Administración, y si se les designa para ellos, han de abandonar el Civil Service.[258]

55. En cuanto a su régimen financiero, las *Public Corporations* se caracterizan por la independencia de su economía. En efecto, en Inglaterra, la economía de las corporaciones públicas está separada del presupuesto nacional, aunque existe un considerable grado de fiscalización del Tesoro sobre ciertos aspectos de las operaciones financieras de las mismas. [259] Sin embargo, aun cuando se pueda considerar a las *Public Corporations* financieramente independientes, ellas se procuran, en muchas oportunidades, todo o parte del capital que necesitan, mediante préstamos del Tesoro o a través de la emisión de obligaciones, obteniendo sus ingresos de los bienes y servicios que producen. En esta forma, la ley suele fijar una cifra máxima de las disponibilidades financieras y de empréstito de las empresas.[260]

Ahora bien, esta autonomía financiera que implica la realización del movimiento de fondos de las corporaciones públicas al margen del presupuesto del Estado implica que las resultas de los distintos ejercicios económicos no repercuten en el Tesoro pues, al contrario, en el caso, por ejemplo, de que se obtengan beneficios, éstos han de destinarse al mejoramiento del servicio, rebaja de las tarifas o aumento de los sueldos de sus empleados, pero no a engrosar los caudales públicos. [261] Sin embargo, como es natural, el Estado puede intervenir a través del presupuesto y si es necesario puede cubrir las pérdidas de las *Public Corporations*.[262]

Antes de 1945, en los Estados Unidos, las *Government Corporations* seguían los mismos principios en materia financiera que los antes descritos para el modelo británico, sobre todo en cuanto al privilegio de reinvertir sus beneficios, no estando en la obligación, por otra parte, de requerir fondos del Congreso anualmente para financiar su desarrollo.[263]

Sin embargo, a partir del *Government Corporation Control Act* de 1945, se ha producido la pérdida progresiva de la autonomía financiera y contable de las corporaciones del Gobierno. En efecto, hablando en términos generales, dicha ley borra el rasgo de la exención de adscripción de las corporaciones al presupuesto ordinario del Gobierno y de intervención de cuentas, característicos de las *Public*

---

258   *Cfr.* W. A. ROBSON, "La Public Corporation en Gran Bretaña", *loc. cit.*, pág. 125; M. A. FLAMME, "La Empresa Pública...", *loc. cit.*, pág. 74.

259   *Cfr.* W. A. ROBSON, Industria Nacionalizada..., cit., pág. 68; W. A. ROBSON, "La Public Corporation en Gran Bretaña", *loc. cit.*, pág. 124.

260   *Cfr.* S. MARÍN MARÍN, Aspectos de la Administración Pública Autonómica, cit., pág. 291.

261   *Cfr.* L. LÓPEZ RODÓ, "Las Empresas Nacionalizadas en Inglaterra", *loc. cit.*, pág. 398; ELIAS HATAD, "Tipos de Industrias Nacionalizadas", *loc. cit.*, pág. 65.

262   *Cfr.* ELIS HASTAD, "Tipos de Industrias Nacionalizadas", *loc. cit.* pág. 65.

263   *Cfr.* J. N. HAZARD, Law Regulating..., cit., pág. 5.

Corporations[264] según el modelo británico. Esto, según H. Pritchett, convirtió a las corporaciones del Gobierno norteamericanas en agencias parecidas a los departamentos de Gobiernos usuales. [265] La importancia de la ley sobre el control de las corporaciones del Gobierno de los Estados Unidos, de 1945, se aprecia a través de la evaluación de dos métodos relacionados habitualmente con la actividad de los Departamentos de Gobierno: a) Los subsidios anuales aportados por el Congreso, y b) La fiscalización por el Contralor General de los Estados Unidos. Estudiaremos aquí, y en cuanto a la pérdida de la autonomía financiera de las corporaciones, el primero de esos aspectos, dejando para un análisis posterior, [266] lo relativo al control de las corporaciones.

En los Estados Unidos, la constatación de la existencia de los subsidios o asignaciones anuales proporcionados por el Congreso a las agencias del Gobierno es esencial para comprender la actividad del cuerpo legislativo frente al presupuesto. En efecto, las operaciones gubernamentales en los Estados Unidos dependen, en general, de las asignaciones o créditos presupuestarios corrientes, anuales;[267] en esta forma, cada año, el Congreso requiere que el director de toda Agencia de Gobierno se presente ante sus comités a fin de justificar en persona, y bajo un riguroso examen, cada renglón del presupuesto para el año futuro. Este procedimiento, evidentemente, tiene la gran ventaja de servir de freno a los administradores ambiciosos, pero, sin embargo, aplicado a las empresas económicas del Estado, influye desfavorablemente sobre todo en relación a los planes a largo plazo, cuando éstos resultan necesarios, pues según normas legales vigentes, no pueden ejecutarse, al no permitirse la celebración de contratos cuya realización requiera más de un año.[268] Por tanto, la limitación de las asignaciones presupuestarias en base a ejercicios anuales, es evidentemente dañosa para el desarrollo apropiado de actividades económicas en las que se requieren, por ejemplo, transformaciones en las plantas y en las cuales, la expansión de actividades debe ser planificada en base a planes de largo plazo.[269]

La ley de 1945 tiende fundamentalmente, por otra parte, a preservar la autoridad central de programación, dentro de marcos muy severos. La sección 847 contenía la regla siguiente sobre el ejercicio anual: "Todas las corporaciones en manos

---

264   *Cfr.* ALBERT ABEL, "La Corporación Pública en los Estados Unidos", *loc. cit.*, pág. 142.

265   *Vid.* H. PRITCHETT, "The Government Corporation Control Act of 1945", en The American Political Science Review, 1946, N° 3, pág. 495, cit. por J. N. HAZARD, Law Regulating..., cit., pág. 5.

266   *Vid.* Nos. 86 y sig.

267   *Cfr.* ALBERT ABEL, "Las Corporaciones Públicas en los Estados Unidos", *loc. cit.*, pág. 141

268   *Cfr.* J. N. HAZARD, *Law Regulating...*, cit., pág. 5.

269   *Cfr.* J. N. HAZARD, *Law Regulating...*, cit., pág. 5; ALBERT ABEL, "Las Corporaciones Públicas en los Estados Unidos", *loc. cit.*, pág. 141.

exclusivas del Gobierno, prepararán anualmente un presupuesto, que deberá ser sometido para su aprobación al Presidente por medio de la Oficina de Presupuesto (*Budget Bureau*) a más tardar el 15 de septiembre de cada año". Para darle elasticidad a esta norma, el estatuto fue revisado en 1950 y se instituyó el llamado presupuesto de "tipo comercial", según el cual el presupuesto correspondiente a cada año debía contener estimaciones de las condiciones financieras y de las operaciones de la corporación para el año siguiente, así como la indicación de los gastos erogados en el año anterior. Estas estimaciones, cuando el presupuesto era sometido al Congreso, le ponían a éste en conocimiento de los planes de la corporación, y creaban la posibilidad de que en los años subsiguientes se aprobaran los otros presupuestos, si no se habían registrado objeciones en las estimaciones presentadas con anterioridad.[270]

Pero además del control de la Oficina de Presupuesto y del Congreso sobre el Presupuesto de la Corporación, la ley de 1945 también estableció el control del Tesoro, sobre todo en lo referente a la custodia de sus fondos, obligaciones y bonos. Hasta ese momento había existido en esto una gran libertad, ya que cada corporación depositaba sus fondos en cualquier banco según el sistema que juzgara más conveniente. Por el *Control Act* de 1945, al contrario, los fondos de las corporaciones debían ser depositados necesariamente en el Tesoro de los Estados Unidos. [271] Además, el *Control Act* requirió que las corporaciones del Gobierno entregaran al Tesoro de los Estados Unidos, al final de cada año, cualquier ingreso percibido, ya que sólo se les permitía erogar gastos que se correspondieran con los fondos entregados por el Congreso.[272]

56. Otro de los principios fundamentales que caracterizan el régimen interno de las corporaciones públicas, es que sus empleados no se consideran, por lo general, funcionarios del Estado.

En efecto, en Inglaterra el principio general, sin excepciones, es que el personal de las *Public Corporations* no forma parte del Servicio Civil. Esto se aplica no sólo al presidente, los miembros del Consejo y el director, sino también a todos los empleados a sueldo y a jornal. Es más, los funcionarios públicos no pueden ser miembros a la vez de algún Consejo de Administración de una corporación, y si se les designa para ello han de abandonar el Civil Service.[273] La base de este principio, de que el personal de la corporación no tiene la categoría de funcionarios públicos, está en que no hay un control del Tesoro sobre la remuneración, condiciones de

---

270   *Vid.* J. N. HAZARD, *Law Regulating...*, cit., págs. 5 y 6; *Cfr.* G. LESCUYER, "Les Entreprises Nationales et le Parlement", RDP, 1960, N° 6, pág. 1148

271   *Cfr.* F. GARRIDO FALLA, "La Intervención Administrativa en materia económica y las Corporaciones del Gobierno en Norteamérica", *loc. cit.*, pág. 432.

272   *Cfr.* J. N. HAZARD, *Law Regulating...*, cit., pág. 6.

273   *Cfr.* W. A. ROBSON, "La Public Corporation en Gran Bretaña", *loc. cit.*, pág. 125; W. A. ROBSON, "La Empresa Pública en Gran Bretaña", *ICE*, marzo 1964, pág. 74; P. BAUCHET, Propriété Publique et Planification, París, 1962, pág. 264.

trabajo, reclutamiento, pensiones, retiros, etc. Puede suceder, desde luego, que el Gobierno regule las cuestiones más importantes de personal por medio de disposiciones ministeriales de tipo general; y, en efecto, un documento oficial sobre política radiofónica publicado en 1952 declaraba que "al fijar los sueldos y condiciones de trabajo del personal, la BBC deberá tener en cuenta la política general del Gobierno sobre sueldos y materias análogas". Sin embargo, esto es poco más que una orientación general, incomparable mente menos onerosa que la sujeción a las detalladas instrucciones del Tesoro sobre el Servicio Civil.[274]

En cuanto a los cargos administrativos subalternos, las personas que los desempeñan están equiparadas a los obreros, y la relación que les une a la corporación es de carácter estrictamente laboral.[275]

En los Estados Unidos, y conforme al modelo británico, la *Government Corporation* ofrecía también la ventaja de evitar las dificultades que el Civil Service podía acarrear a su actividad. En cuanto a estos problemas, Albert Abel señala que, en lo que respecta al Gobierno Federal, las dificultades de personal han emanado de las leyes y reglamentos excesivamente formalistas que lo regulan, pues sin necesidad de lucubrar mucho, puede observarse que dichas normas han subrayado el factor de estabilidad, hasta un grado prácticamente inconciliable con la eficiencia funcional. En el ámbito de los Estados, éstos sufren, quizás, el mal contrario: la influencia política y personal predominan en sus tácticas administrativas.[276] Pues bien, la *Government Corporation* norteamericana, ofrecía la promesa de evitar apreciablemente esas dificultades: su carácter autónomo, fuera de la jerarquía gubernamental, la facultaba para funcionar ajena a la rigidez del Servicio Civil. Además, estaba inmunizada, en cierto modo, contra las presiones anexas al llamado "sistema de botín", tanto porque sus funciones, típicamente especializadas y un tanto aisladas, la dejaban fuera de la corriente principal de la atención política, como porque su condición de empresa pública era un símbolo que la identificaba con la compañía industrial o comercial y, por consiguiente, con las características de eficacia y neutralidad política que se reconocían como atributos a esta última.[277]

Sin embargo, en 1940, la *Ramspeck Act* autorizó al Presidente de los Estados Unidos a aplicar, con facultad discrecional, la legislación de funcionarios públicos a los empleados de las corporaciones públicas que se encontraban bajo control federal, afectándose así, uno de los principales atractivos de la corporación pública. Esta facultad se ejerció por orden ejecutiva N° 8743, de 23 de abril de 1941, según la cual, las normas del estatuto del Servicio Civil en el ámbito federal se aplicaban a las cor-

---

274   *Vid.* W. A. ROBSON, "La Public Corporation en Gran Bretaña", *loc. cit.*, pág. 123; *Cfr.* W. A. ROBSON, *Industria Nacionalizada...*, cit., pág. 68; A. MARTIN-PANNETIER, *Eléments d'analyse comparative...*, cit., pág. 209.

275   *Cfr.* L. LOPEZ RODÓ, "Las Empresas Nacionalizadas en Inglaterra", *loc. cit.*, pág. 391.

276   *Vid.* ALBERT ABEL, "La Corporación Pública en los Estados Unidos", *loc. cit.*, pág. 140.

277   *Cfr.* ALBERT ABEL, "La Corporación Pública en los Estados Unidos", *loc. cit.*, pág. 140.

poraciones, en cuanto a la determinación del escalafón y a la remuneración, rigiéndose el empleo y el ascenso por exámenes, y controlándose los despidos de manera tal, que no se produjeran sin causa o sin cumplirse el respectivo procedimiento.[278]

En todo caso, la influencia del *Ramspeck Act* ha sido altamente criticada pues, entre otros aspectos, ha fortalecido la estabilidad de los cargos de tal manera que los hace inconciliables con la buena marcha de las operaciones, [279] habiéndose llegado a afirmar, como antes señalamos, que, junto con el *Government Corporation Control Act*, esas normas han recortado, global y sistemáticamente, los rasgos distintivos que daban a esas corporaciones su utilidad, hasta tal punto, que, sin una modificación de la legislación, resulta difícil percibir para qué finalidad pueden servir actualmente en los Estados Unidos.[280]

c)   Régimen jurídico externo

57. Para las *Public Corporations* rige, como principio general, el de la sumisión al Derecho común. "Las leyes del Parlamento —dice Denning— les obligan tanto como a cualquier súbdito de Su Majestad".[281] Por consiguiente, en Inglaterra, las normas del Derecho Civil, Mercantil, Penal y Procesal e incluso Fiscal les son enteramente aplicables. No están amparadas por la *Public Authorities Protection Act* de 1893 y pesan sobre ellas iguales obligaciones tributarias que sobre las empresas privadas. Cabe también dirigir procedimiento ejecutivo contra sus bienes.[282] En todo caso, sin embargo, y habiendo desaparecido en las *Public Corporations* los accionistas, la mayoría de los preceptos del moderno Derecho Mercantil resultan, por ese hecho, inoperantes.[283]

No obstante ello, es preciso reconocer que las propias leyes creadoras de las distintas corporaciones le han conferido singulares prerrogativas. Así, por ejemplo, aun cuando no les beneficia el plazo de un año para la prescripción de acciones contra la administración que establece la *Limitation Act* de 1939, las acciones que contra ellas se dirijan tampoco se someten al plazo general de prescripción de acciones, que es de seis años, sino que prescriben a los tres años.[284] Por otra parte, gozan de la potestad de expropiación forzosa y de tan amplias facultades para la prosecución

---

278   *Vid.* J. N. HAZARD, *Law Regulating...*, cit., pág. 4.

279   *Cfr.* ALBERT ABEL, "The Public Corporation in the United States", en W FRIEDMANN (ed.), *The Public Corporation*, 1954, pág. 338 a 353, cit. por J. N. HAZARD, *Law Regulating...*, cit., pág. 5.

280   *Vid.* ALBERT ABEL, "La Corporación Pública en los Estados Unidos" *loc. cit.*, pág. 142.

281   Cit. por L. LÓPEZ RODÓ, "Las Empresas Nacionalizadas en Inglaterra", *loc. cit.*, pág. 391.

282   *Cfr.* LÓPEZ RODÓ, "Las Empresas Nacionalizadas en Inglaterra", *loc. cit.*, pág. 395; W. A. ROBSON, "La Public Corporation en Gran Bretaña", *loc. cit.*, pág. 115.

283   *Cfr.* L. LÓPEZ RODÓ, "Las Empresas Nacionalizadas en Inglaterra", *loc. cit.*, pág. 404.

284   *Cfr.* L. LÓPEZ RODÓ, "Las Empresas Nacionalizadas en Inglaterra", *loc. cit.*, pág. 391.

de sus fines, que resulta difícil, por no decir imposible, que los tribunales puedan aplicarles la doctrina de ultra vires. Por ello, los intentos efectuados invocando la ayuda de los jueces para definir o limitar las atribuciones de las corporaciones públicas, no suelen dar resultados positivos.[285]

En los Estados Unidos, la situación no es tan absolutamente definida. En efecto, la capacidad para demandar o ser demandada en juicio, que caracteriza la personalidad de una empresa, ha sido considerada en forma un tanto diferente por lo que respecta a las corporaciones del Gobierno en el ámbito federal o estatal.

En esta forma, las cartas o cédulas de constitución, por medio de las cuales adquieren las corporaciones del Gobierno Federal personalidad jurídica, [286] especifican característicamente esa capacidad como concomitante de la existencia de la corporación, y una larga serie de casos afirman que poseen ese atributo, estando colocadas dentro de la jurisdicción de la "cuestión federal". En términos generales, el enfoque parece ser análogo a aquel en que están en juego actividades de dependencias administrativas normales.[287]

Ahora bien, según la doctrina del *Common Law*, heredada de Inglaterra, el soberano está dotado de inmunidad, de tal manera que salvo disposición legal especial, no se admite ninguna demanda contra él por daños y perjuicios o por incumplimiento de contrato. A pesar de ello, el Gobierno Federal de los Estados Unidos, descartó su inmunidad frente a demandas sobre asuntos contractuales por el *Tucker Act* de 1887, por lo que en la actualidad, tampoco hay ninguna duda sobre la capacidad de las corporaciones del Gobierno Federal de obligarse contractualmente y de ser demandadas en juicio. En cuanto a las demandas por daños y perjuicios contra las corporaciones del Gobierno Federal, éstas han tenido una solución más o menos normal. El Congreso dictó en 1946 una ley denominada *Federal Claims Act*, por la cual se estableció la responsabilidad de las agencias del Gobierno Federal por daños y perjuicios, declarando que, a esos efectos, las corporaciones del Gobierno se clasificaban como dichas agencias. En todo caso, esa ley eximía de responsabilidad derivada de la obligación de ejercer una función discrecional, o de abstenerse de ejecutar la misma. A través de una serie de decisiones judiciales se llegó a considerar que las corporaciones del Gobierno Federal eran responsables por daños producidos sólo a través de actos de negligencia o actos u omisiones de naturaleza *ultra vires*, en los cuales la culpa siempre debe ser probada.[288]

En cuanto a los Estados Federales, lo contrario a lo planteados respecto a las corporaciones del Gobierno Federal, parece ser la opinión general. En efecto, se ha

---

285   *Cfr.* W. A. ROBSON, Industria Nacionalizada..., cit., pág. 72; del mismo autor, "Les Nationalisations en Grande-Bretagne", *loc. cit.*, pág. 28; L. LÓPEZ RODÓ, "Las Empresas Nacionalizadas en Inglaterra", *loc. cit.*, págs. 391 y 392.

286   *Cfr.* J. N. HAZARD, *Law Regulating...*, cit., pág. 7.

287   *Cfr.* ALBERT ABEL, "La Corporación Pública en los Estados Unidos," loc. cit

288   *Cfr.* J. N. HAZARD, *Law Regulating...*, cit., pág. 6

registrado una marcada tendencia por parte de los Estados a atribuir a sus corporaciones públicas, la condición jurídica de dependencias del Estado más bien que la de corporaciones ortodoxas, en cuanto a la capacidad para comparecer en juicio, y protegerlas así de ser llevadas ante los tribunales por daños y perjuicios y quizás, en menor grado, por incumplimiento de contrato gobierno.[289]

58. En materia impositiva, ya se ha señalado que en Inglaterra, las *Public Corporations* están sometidas, en general, al mismo régimen fiscal y *tributario que* las empresas particulares.[290] En los Estados Unidos, la tributación de las corporaciones del Gobierno, ha sido tratada como una fase del derecho tributario de los organismos gubernamentales, y en esta forma, poco puede dudarse del poder, rara vez ejercido, del Gobierno Federal para gravar las propiedades, las operaciones o las ventas de las corporaciones públicas, y a su vez, de los Estados para gravar sus corporaciones.[291] Sin embargo, los problemas se han planteado en relación a la tributación federal sobre las corporaciones públicas de los Estados y la tributación de los Estados sobre las corporaciones públicas federales. Si bien el principio general antes de 1946 era que el Gobierno Federal no podía gravar a los Estados, ni estos al Gobierno Federal no podía gravar a los Estados, ni estos al Gobierno Federal, después de esa fecha y por el caso *New York vs. United States*, la Corte Suprema de los Estados Unidos acogió una doctrina, cuyo origen esta en el derecho Romano, según la cual el Gobierno Federal no podía constituir gravámenes contra un Estado sobre operaciones llevadas a cabo *in iure imperii*, pero, en cambio, si podía hacerlo sobre operaciones llevadas a cabo *in iure gestionis*. Prácticamente, esto significó que toda actividad de los Estados enmarcada en el sistema corporativo, dado su carácter económico, podía y debía ser gravada por el Gobierno Federal[292.] La distinción, en cambio, no se aceptó en relación a las actividades federales, ya que se estimó que toda actividad del Gobierno Federal era por definición, "de carácter gubernamental",[293] y por tanto, estaba exenta de la tributación al estado, pues, el Gobierno Federal era un gobierno dotado de poderes ilimitados y delegados. Aun cuando este análisis parezca absurdo en nuestros días, dice A. Abel, no ha sido repudiado, y, al contrario, parece consolidada la norma según la cual los Estados no gravan las actividades de las corporaciones federales[294.]

59. Por último, y aun cuando en líneas generales las *Public Corporations* en cuanto a su régimen jurídico externo se rijan por las normas ordinarias del Dere-

---

289   *Cfr.* ALBERT ABEL, "La Corporación Pública en los Estados Unidos" *loc. cit.*, pág. 143

290   *Cfr.* LAUREANO LÓPEZ RODÓ, "Las Empresas Nacionalizadas en Inglaterra", *loc. cit.*, pág. 395.

291   *Vid.* ALBERT ABEL, "La corporación Publica en los Estados Unidos, *loc. cit.*, pág. 142.

292   *Vid.* J.N. HAZARD, *Law Regulating…*, cit., pág. 6; *Cfr.* ALBERT ABEL "La corporación Publica en los Estados Unidos", *loc. cit.*, pág. 143.

293   *Vid.* J.N. HAZARD, *Law Regulating…*, cit., pág. 6; *Cfr.* ALBERT ABEL "La Corporación Publica en los Estados Unidos", *loc. cit.*, pág. 143.

294   *Vid.* ALBERT ABEL, "La Corporación Pública…", *loc. cit.*, pág. 143.

cho común al cual están sometidas las compañías comerciales y las personas privadas,[295] no puede decirse que dichas corporaciones tengan por fin principal, el fin de lucro. Al contrario, uno de los principios básicos de la corporación pública es el desinterés y de aquí que no difieren esencialmente en cuanto a su propósito (fin de Gobierno), de los otros tipos de actividad gubernamental que normalmente se califica de "política".[296]

Sin embargo, el principio del desinterés no puede enfocarse con independencia de la obtención de beneficios y del sistema financiero seguido. También las compañías comerciales pueden alegar que proporcionan bienes o servicios que sirven al interés público, sin que puedan por ello llamarse desinteresadas, dado que su principal objetivo es la obtención de un beneficio para sus propietarios. Esto es precisamente, señala Robson, lo que no sucede en las *Public Corporations*, y aquí es donde tropezamos con la diferencia fundamental entre ellas y las sociedades por acciones[297.] Ahora bien, debe indicarse que aun cuando en ningún caso, en base al principio del desinterés, ninguna *Public Corporation* está obligada a obtener beneficios, no hay nada que impida a ellas obtenerlos ni límite legal alguno respecto a ellos.[298]

C) La Empresa del Estado de los países socialistas

a) Introducción

60. El régimen comunista, ha dicho Langrod, *"vit dans le cadre d'un système d'économie planifiée"*;[299] y de aquí que en Polonia, por ejemplo, la economía planificada constituya un sistema de dirección y de gestión, basada por supuesto sobre la propiedad de los medios de producción, por lo que no es exagerado señalar que la realización de la economía planificada es posible sólo gracias a las relaciones económicas y sociales fundadas sobre esta propiedad social de los medios fundamentales de producción.[300]

Ahora bien, generalmente, esta apropiación de los medios de producción se produjo en todos los países socialistas por la nacionalización,[301] o posteriormente

---

295   *Cfr.* W.A.ROBSON, "La Public Corporation en Gran Bretaña", *loc. cit.*, pág. 115.

296   *Cfr.* M. E. DIMOCK, "Government Corporation: A Focus of Policy...", cit. por F. GARRIDO FALLA, "La Intervención Administrativa...", *loc. cit.*, pág. 421; M. A. FLAMME, "La Empresa Pública...", *loc cit.*, pág. 77

297   *Vid.* W. A. ROBSON, "La Public Corporation en Gran Bretaña", *loc. cit.*, pág. 122; del mismo autor, "Les Nationalisations en Grande-Bretagne", *loc. cit.*, págs. 35 y 36

298   *Cfr.* W. A. ROBSON, *Industria Nacionalizada...*, cit., pág. 67

299   *Vid.* GEORGES LANGROD, "Quelques recentes tendences administra, tives en régime communiste", *RISA*, 1962, N° 1, pág. 28

300   *Cfr.* ZYGMUNT RYBICKI, "L'Entreprise Publique dans le Système Polonais de L'Économie Planifiée ", *RISA*, 1962, N° 3, págs. 312 y 314.

301   *Cfr.* K. KATZAROV, *op. cit.*, págs. 315 y sig.

por la creación de empresas y establecimientos nuevos, [302] debiendo señalarse, sin embargo, que, en lo que se refiere a nuestro análisis de las empresas públicas, la nacionalización tiene una importancia decisiva en el estudio del régimen socialista.

En efecto, en Rusia y en todos los países de Europa oriental, las empresas económicas que se encontraban en manos particulares fueron nacionalizadas, convirtiéndose en propiedad pública, y recibiendo en el acto de nacionalización una organización especial de "empresas del Estado" que, en lo que concernía a su estructura, no ofrecían nada de común con las empresas anteriores a la operación de nacionalización. En esta forma, todos los Estados de Europa oriental (Checoslovaquia, Yugoslavia, Bulgaria, Hungría, Rumania y Polonia) que realizaron nacionalizaciones y promulgaron leyes especiales rectoras de la estructura y del régimen de las mismas, crearon sin excepción, un sujeto de Derecho nuevo, "la empresa pública", sin tener en cuenta la estructura de la empresa anterior a la nacionalización.[303] En lo que se refiere a la U.R.S.S., el carácter radical y absoluto de las nacionalizaciones efectuadas no deja lugar a ninguna duda acerca de esa supresión total de las empresas anteriormente existentes. Esta estructura de la economía de la U.R.S.S., excluyendo todo vínculo con la situación anterior a la nacionalización, recibió una expresión categórica en la Ley Fundamental, al indicar ésta que "la base económica de la U.R.S.S., la constituyen el sistema socialista de la economía y la propiedad socialista de los instrumentos y medios de producción, firmemente asentados como resultado de la liquidación del sistema capitalista de la economía, de la abolición de la propiedad privada sobre los instrumentos y medios de producción y de la supresión de la explotación del hombre por el hombre".[304]

61. Ahora bien, en todo este fenómeno de las nacionalizaciones, el Estado se preocupó más bien por aplicar rápidamente las reformas necesarias, dadas las urgencias sociales y políticas, sin perder tiempo en realizar estudios detenidos y profundos sobre la naturaleza de la institución jurídica que iba a surgir. En esta forma, ha dicho K. Katzarov, una serie de formas jurídicas heterogéneas han venido a intercalarse entre el hecho de encargarse el Estado directamente de una actividad económica en su calidad de persona jurídica de Derecho Público, y, por otra parte, el mantenimiento aparente de los sujetos de Derecho existentes anteriormente; formas nuevas que no siempre se corresponden a las que tenemos costumbre de encontrar dentro del complejo de instituciones jurídicas.[305] Así surge, entonces, en los países socialistas la empresa del Estado o empresa pública, con características

---

302   *Cfr.* ZYGMUNT RYBICKI, "Le Régime des Activités..." *loc. cit.*, págs. 262 y 263.

303   *Cfr.* K. KATZAROV, *op. cit.*, págs. 306 y 307; del mismo autor, "Les Nationalisations en Bulgarie", *loc. cit.*, pág. 157; CHARLES D'ESZLARY, "Les Nationalisations en Hongrie", en *Les Nationalisations en France et à l'Étranger (Les Nationalisations à l'Étranger)*, Paris, 1958, pág. 201

304   Artículo 4° de la Constitución *(Ley Fundamental) de la Unión de Repúblicas Socialistas Soviéticas*, Ediciones en Lenguas Extranjeras, Moscú. 1960, pág. 10.

305   *Vid.* K. KATZAROV, *op. cit.*, págs. 311 y 312.

propias, semipública, que la convierte en una institución compleja[306] o, más bien, en una forma jurídica intermedia entre la persona pública y la persona privada del Derecho europeo continental. A este respecto, Katzarov ha señalado que dichas empresas tienen un carácter especial, que proviene a la vez del Derecho Público y del Derecho Privado, pues aunque erigidas por la ley en personas jurídicas diferentes del Estado ellas aparecen como orgánicamente vinculadas a éste, pues están obligadas a conformarse con la política económica del mismo. Se trata así, de una forma jurídica de carácter mixto, puesto que es instituida y liquidada, dirigida y orientada por el Estado, pero pretende estar al mismo tiempo en gran parte separada de éste y se encuentra colocada bajo el régimen del Derecho Privado, y no del Público.[307]

62. Así, en la U.R.S.S., descansando las nacionalizaciones en la negación total de la propiedad privada de los medios de producción y de la iniciativa privada de la economía, los intercambios económicos nacionalizados son exclusivamente realizados por empresas independientes de la persona de Derecho Público del Estado, uno de cuyos principales exponentes es la "Empresa del Estado" (*Gospredpriatia*); estas unidades económicas, están dotadas de personalidad jurídica, tienen un patrimonio separado y gozan de capacidad jurídica y autonomía de acción.[308] El segundo tipo fundamental que asegura la vida económica en la U.R.S.S., comprende los organismos llamados "*trusts*" (*trusti*), es decir, uniones de varias empresas estatales semejantes, inmediatamente destinadas a ser sujetos centrales de dirección y de representación, a las cuales se ha reconocido una personalidad jurídica distinta. En esta forma, el decreto de 10 de abril de 1923 entendía por "*trusts*" del Estado las "empresas industriales del Estado, a las que éste ha concedido independencia en la realización de sus operaciones de acuerdo con los estatutos aprobados por cada una de ellas, procediendo conforme al principio del cálculo comercial con el fin de obtener ganancias". [309] En relación a estos *trusti*, sin embargo, debe aclararse expresamente que, por la implantación posterior del régimen de economía planificada, este principio del lucro no pudo, por supuesto, subsistir, ya que la administración central correspondiente de planificación, no sólo se encargó de fijar los precios de producción de las empresas, y de disponer entregas de mercancías a precios incluso inferiores a los del mercado, sino que también debió elaborar los planes productivos.[310] Además, por la

---

306   *Cfr.* Z. RYBICKI, "Le Régime des Activités...", *loc. cit.*, pág. 266

307   *Vid.* En K. KATZAROV, *op. cit.*, págs. 329 y 330; del mismo autor, "Les Nationalisations en Bulgarie", *loc. cit.*, págs. 162 y 167.

308   *Cfr.* G. LANGROD, "L'Entreprise Public en Droit Administratif Comparé", *loc. cit.*, pág. 227; K. KATZAROV, *op. cit.*, págs. 315 y 316.

309   *Vid.* en ALEXANDER BAYKOV, *The Development of the Soviet Economic System: An essay on the Experience of Planning in the U.S.S.R.*, Cambridge y Nueva York, 1947, pág. 110, cit. por RODRIGO FERNANDEZ-CARVAJAL, "Las Empresas Públicas en Rusia", *RAP*, Nₒ 3. 1950, pág. 443.

310   *Cfr.* R. FERNANDEZ-CARVAJAL, "Las Empresas Públicas en Rusia", *RAP*, N° 3, 1950, pág. 445.

eliminación a partir de 1929 de la "nueva política económica" (N.E.P.), que surgió inmediatamente después de las nacionalizaciones y cuyas principales características fueron el establecimiento de la libertad de comercio, desarrollo del mercado, vuelta a la economía dineraria, tolerancia de la industria pequeña y mediana, etc.,[311] los "*trusts*" quedaron convertidos en órganos de dirección técnica de las empresas que reunían, privados de funciones directas de venta y abastecimiento. [312] En todo caso, y en relación a estos organismos, la ley no enfatizaba la similitud entre la empresa del Estado y la empresa privada, sino que propició más bien, la introducción de un régimen especial, [313] de carácter intermedio.

63. Las nacionalizaciones efectuadas en los países de Europa oriental después de la Segunda Guerra Mundial fueron influidas e inspiradas ideológicamente por las de la U.R.S.S., aunque presentan particularmente el rasgo común de no rechazar, en principio, la propiedad y la iniciativa privada de la economía, sino de reconocerlas, por el contrario, expresamente. [314] En todos esos países, sin embargo, surgen también las empresas del Estado respondiendo a los mismos principios señalados.

En efecto, en Bulgaria, la nacionalización de la vida económica es realizada por personas jurídicas denominadas "Empresas del Estado" diferentes de la persona jurídica del Estado, con patrimonio propio y capacidad de goce y de ejercicio. Paralelamente a estas empresas, están también las "uniones de empresas estatales", que representan agrupaciones de empresas estatales semejantes, encargadas de dirigir, planificar y controlar la actividad de las empresas que forman parte de ellas.[315] Puede decirse que la más importante característica común de esos diferentes sujetos encargados de los intercambios económicos en Bulgaria, reside en el hecho de que tienen capacidad de derecho y de acción, no limitada, pero más o menos dirigida por el plan económico nacional estatal, elaborado y aplicado por una Comisión del plan estatal.[316]

En Checoslovaquia, en donde la mayor parte de la economía está igualmente nacionalizada, los intercambios comerciales nacionalizados son realizados por varios tipos de nuevos sujetos, siendo los más importantes las "empresas nacionales" (Narodni Podniky), reguladas por la ley N° 51 de 1955 sobre las empresas nacionales. Según los términos de dicho estatuto, aunque esas empresas son propiedad del Estado, y están

---

311   *Cfr.* CHARLES BERTTELHEIM, *La Planification Sovietique*, París, 1945, pág. 9, cit. por R. FERNANDEZ-CARVAJAL, "Las Empresas Públicas en Rusia", *loc. cit.*, pág. 442.

312   *Cfr.* R. FERNANDEZ-CARVAJAL, "Las Empresas Públicas en Rusia", *loc. cit.*, pág. 447.

313   *Cfr.* J. N. HAZARD, "Soviet Government Corporation", *Michigan Law Review*, abril, 1943, Vol. 41, N° 5, pág. 852.

314   *Cfr.* K. KATZAROV, *op. cit.*, pág. 318.

315   *Vid.* Artículo 11 de la Ley relativa a las Empresas del Estado del 12 de octubre de 1951, cit. por K. KATZAROV, *op. cit.*, págs. 318 y 319. *Vid.* del mismo autor, "Les Nationalisations en Bulgarie", *loc. cit.*, pág. 163.

316   *Cfr.* K. KATZAROV, *op. cit.*, pág. 319.

vinculadas al plan económico del mismo, están constituidas como personas jurídicas independientes y el Estado no responde de sus compromisos u obligaciones.[317]

En Rumania y en Hungría, y con características similares, surgen las empresas nacionalizadas, con estatuto legal propio y personalidad y patrimonio distintos a los del Estado.[318]

En Yugoslavia, la nacionalización de la economía originalmente estuvo asegurada por organismos denominados "empresas económicas estatales", creadas en virtud de la ley fundamental relativa a las empresas económicas estatales del 2 de agosto de 1946, constituidas como personas jurídicas independientes de la persona estatal, y que actuaban paralelamente también, a las "uniones de empresas".[319] Este sistema se consideró, sin embargo, perjudicial para el desarrollo de la propiedad socialista, ya que permitía la formación de una nueva burocracia dentro del socialismo, que podía tender a colocarse por encima de los productores, volviéndose éstos entonces indiferentes a la marcha de la producción, perdiendo todo interés activo en los asuntos generales de la comunidad.[320] Estos peligros, particularmente sensibles en 1948-1949, tal como lo señala Djordjevich, fueron observados a tiempo y se tomaron medidas para transformar el sistema de gestión de las empresas estatales, que culminaron con la ley fundamental de 1950 sobre la gestión de empresas económicas del Estado por las colectividades obreras, de donde surge el llamado autogobierno de los productores. [321] Esta forma de empresa constituye quizás una categoría especial que estudiaremos separadamente al resto de las empresas estatales de los países socialistas.[322]

En Polonia, por último, la empresa de Estado constituye la unidad de organización de base, por la cual el Estado realiza sus tareas económicas, y ha sido definida como un organismo llamado a satisfacer necesidades sociales en el campo indicado en el acto jurídico de su creación, dotado de una personalidad jurídica distinta de la del Estado.[323] En estas empresas polacas surge la peculiaridad de que el personal de las mismas tiene el derecho de participar en la gestión de la empresa,

---

317   Vid. V. KNAPP, "Quelques Remarques...", loc. cit., págs. 740 y sig.; DANIEL VIGNES, "Les Nationalisations en Tchécoslovaquie", en *Les Nationalisations en France et à l'Étranger (Les nationalisations à l'Étranger)*, Paris, 1958, págs. 259 y sig.

318   *Cfr.* K. KATZAROV, *op. cit.,* págs. 322 y 323, CHARLES D›ESZLARY, Les Nationalisations en Hongrie, *loc. cit.,* págs. 202 y sig.

319   *Cfr.* K. KATZAROV, *op. cit.,* pág. 321; NIKOLA STJEPANOVIC, «Les Nationalisations et l'évolution de la gestion de l'économie en Yugoslavie», en *Les Nationalisations en France et l'Étranger (Les Nationalisations à l'Étranger)*, Paris, 1958, pág. 276 y 277.

320   *Cfr.* JOVAN DJORDJEVICH, *Yugoslavia, Democracia Socialista,* México, 1961, pág. 59.

321   *Vid.* J. DJORDJEVICH, *op. cit.,* págs. 60 y 65; *Cfr.* NIKOLA STJEPANOVIC, "Les Nationalisations et l'évolution...", *loc. cit.,* pág. 279 y sig.

322   *Vid.* N° 72.

323   *Vid.* Z. RYBICKI, "Le Régime des Activités..." *loc. cit.,* pág. 264.

configurándose entonces el mecanismo de la autogestión obrera.[324] Por otra parte, en Polonia existen también las uniones de empresas del Estado, cuyo fin principal es la coordinación, la vigilancia y el control de la actividad de las empresas estatales. Estos organismos son a la vez, unidades económicas y órganos de la administración del Estado,[325] dotados de personalidad jurídica, con autonomía patrimonial.[326]

64. Ante este panorama, más o menos general de los países de economía planificada, intentaremos estudiar comparativamente el régimen jurídico de las actividades industriales y comerciales del Estado, analizando separadamente el régimen interno y externo que reviste cierta uniformidad, al contrario de los sistemas occidentales. En efecto, puede afirmarse con Katzarov que en los países de Europa oriental, el régimen de las "Empresas del Estado" fue desde el instante mismo de la realización de la nacionalización, único y común al conjunto de empresas y sólo tuvo que ser perfeccionado después; en cambio, en países como Inglaterra y Francia, donde se llevaron a cabo grandes nacionalizaciones pero sobre bases múltiples y heterogéneas, a la necesidad de perfeccionar estas últimas se agrega el problema de su unificación.[327] De ahí el concepto genérico de empresa pública que aunque más económico que jurídico, puede algún día constituirse definitivamente en una categoría jurídica nueva.[328]

En todo caso, debe advertirse expresamente que, en los países socialistas, a pesar de la uniformidad, el régimen de estos entes es un régimen complejo, [329] pues como ha señalado Zigmunt Rybicki, la economía planificada no puede ser bien gestionada sin recurrir a formas económicas, a formas de Derecho Civil y a formas de Derecho Administrativo. Estas formas deben variar, sin embargo, según cada situación y cada caso. No obstante, es necesario insistir en que el rol esencial de las formas de Derecho Administrativo es, sobre todo, el fijar los lineamientos generales y el asegurar las posibilidades de funcionamiento normal de una empresa, aun cuando en la gestión corriente, sin embargo, las formas económicas y las formas de Derecho Civil parecen más adecuadas.[330]

b)   Régimen jurídico interno

65. El régimen jurídico interno de las empresas públicas en los países socialistas está determinado generalmente por las leyes reguladoras de dichas empresas[331] en cada uno de esos países, a las cuales hemos hecho referencia anteriormente.

---

324   *Vid.* Z. RYBICKI, "Le Régime des Activités...", *loc. cit.*, pág. 267.

325   *Cfr.* Z. RYBICKI, "Le Régime des Activités...", *loc. cit.*, págs. 269 y 270.

326   *Cfr.* K. KATZAROV, *op. cit.*, pág. 321.

327   *Vid.* K. KATZAROV, *op. cit.*, pág. 327

328   *Cfr.* R. DRAGO, "Le Régime des Activités...", *loc. cit.*, pág. 452.

329   *Cfr.* Z. RYBICKI, "Le Régime des Activités...", *loc. cit.*, pág. 266.

330   *Vid.* Z. RYBICKI, "L'Entreprise Publique dans le Système Polonais de l'Economie Planifiée, *loc. cit.*, pág. 317.

331   *Cfr.* Z. RYBICKI, "Le Régime des Activités..." *loc. cit.*, pág. 266.

Así, la creación de las empresas se hace por medio de actos administrativos individuales, condicionados generalmente por los planes económicos[332] a los cuales se ha reconocido su carácter normativo.[333] En efecto, la decisión de crear una empresa del Estado corresponde, sea al Ministro respectivo, tal como sucede en Polonia y Checoslovaquia;[334] sea al Consejo de Ministros, como sucede en Rumania y Bulgaria;[335] sea en virtud de un decreto del Consejo de Ministros y por acto del Ministro interesado, tal como sucede en Hungría.[336] En cuanto a las uniones de empresas, éstas, generalmente, son creadas por actos del respectivo Consejo de Ministros, tal como sucede en Polonia, Bulgaria y Hungría.[337]

Sin embargo, y aun cuando las empresas son creadas por decisiones administrativas, generalmente no adquieren personalidad desde ese momento, sino por un acto posterior de registro o inscripción. En Polonia, por ejemplo, estando sometidas las empresas a la formalidad de registro, éste se lleva por el Ministerio de las Finanzas para las empresas-llave (*ENTREPRISES-CLÉS*), o por los órganos financieros de los *PRESIDIUMS* de los Consejos Populares. El registro confiere a la empresa la personalidad jurídica, y a partir de ese momento, ella surge como un sujeto de Derecho sometida en sus relaciones externas al Derecho Civil.[338] En otros países, como en Rumania, las empresas deben ser registradas en registros especiales para adquirir la capacidad de derecho y acción [339] y en Bulgaria, Hungría y Checoslovaquia la inscripción de la empresa se realiza en el registro de comercio común para las empresas comerciales.[340]

---

332   *Cfr.* Z. RYBICKI, "Le Régime des Activités...", *loc. cit.*, pág. 277; del mismo autor, «L'Entreprise Publique dans le Système...», *loc. cit.*, págs. 314 y 316.

333   *Cfr.* G. LANGROD, "Quelques récentes tendances administratives en régime communiste", *loc. cit.*, pág. 29

334   *Vid.* Z. RYBICKI, "Le Régime des Activités...", *loc. cit.*, pág. 267; K. KATZAROV, *op. cit.*, págs. 320 y 321; V. KNAPP, «Quelques Remarques. . .», *loc. cit.*, pág. 741, STANISLAW SZWAJCER, «Les Nationalisations en Pologne», en *Les Nationalisations en France et à l'Étrange (Les Nationalisations à l'Étranger)*, Paris, 1958, pág. 236.

335   *Vid.* K. KATZAROV, *op. cit.*, págs. 318 y 319; del mismo autor, «Les Nationalisations en Bulgarie», *loc. cit.*, pág. 159

336   *Vid.* K. KATZAROV, *op. cit.*, pág. 323

337   *Vid.* Z. RYBICKI, "Le Régime des Activités...", *loc. cit.*, págs. 270 y 271; K. KATZAROV, *op. cit.*, págs. 319 y 324; del mismo autor, «Les Nationalisations en Bulgarie», *loc. cit.*, pág. 163.

338   *Vid.* Z. RYBICKI, "Le Régime des Activités...", *loc. cit.*, pág. 267. *Cfr.* N. GAJL, "Les Entreprises d'Etat en France, en Italie et en Pologne", *loc. cit.*, pág. 164; STANISLAW SZWAJCER, «Les Nationalisations en Pologne», *loc. cit.*, pág. 237.

339   *Vid.* K. KATZAROV, *op. cit.*, pág. 322.

340   *Vid.* K. KATZAROV, *op. cit.*, págs. 319 y 320; del mismo autor, «Les Nationalisations en Bulgarie", *loc. cit.*, pág. 159, V. KNAPP, Quelques Remarques..., *loc. cit.*, pág. 742; CHARLES D'ESZLARY, "Les Nationalisations en Hongrie", *loc. cit.*, pág. 202.

66. En cuanto a la dirección de las empresas, en algunos países socialistas rige el principio de la gestión unipersonal. En Polonia, por ejemplo, las empresas del Estado están dirigidas por un director que representa la empresa hacia el exterior y que dirige sus actividades corrientes bajo su propia responsabilidad. El director tiene poderes muy extendidos; él contrata y licencia al personal, determina sus funciones y ejecuta las otras tareas reservadas a su competencia.[341] La situación en Hungría es similar, pues las empresas son administradas por un director general nombrado por el Ministro.[342] En la U. R. S. S., el principio también es el de la gestión personal de la empresa por un director nombrado por el Ministro correspondiente.[343]

En Checoslovaquia la organización de las empresas nacionales está basada también sobre el principio de un solo jefe, el cual como director nombrado por el Ministro respectivo, organiza y dirige la actividad de la empresa y actúa en su nombre, y al cual están sometidos los trabajadores de la empresa.[344]

En todo caso, aun cuando la empresa tenga sus órganos propios de dirección, éstos están sujetos por diversas vías a directrices provenientes de otros órganos, que hacen predominar en esta materia los vínculos regidos por el Derecho Administrativo.[345] En efecto, en la mayoría de los casos, la dirección de la empresa corresponde en último término al Ministro respectivo, sea directamente, como en el caso de Bulgaria y Hungría, sea a través de las uniones de empresas, como es el caso de Polonia.[346] En la U.R.S.S., la dirección última corresponde a través de los *TRUSTI* o uniones de empresas al Consejo de Comisarios del Pueblo, que es el más alto órgano del Estado en la rama ejecutiva y administrativa,[347] aunque a partir de la reforma introducida por el premier soviético Alexei Kosygin en septiembre de 1965, se ha acentuado el proceso de descentralización en la dirección y conducción de las empresas del Estado.[348] n la mayoría de los casos, la razón de ser de esta sujeción radica en la existencia de planes económicos nacionales, cuyo desarrollo se hace fundamentalmente a través de las empresas estatales.

---

341   *Vid.* Z. RYBICKI, "Le Régime des Activités...", *loc. cit.*, pág. 267.

342   *Vid.* K. KATZAROV, *op. cit.*, pág. 323, CHARLES D'ESZLARY, "Les Nationalisations en Hongrie", *loc. cit.*, pág. 202.

343   *Vid.* R. FERNANDEZ-CARVAJAL, "Las Empresas Públicas en Rusia", *loc. cit.*, pág. 453. *Cfr.* A. DENISOV y M. KIRICHENKO, *Derecho Constitucional Soviético*, Ediciones en Lenguas Extranjeras, Moscú, 1959, pág. 104.

344   *Vid.* V. KNAPP, "Quelques Remarques...", *loc. cit.*, págs. 742 y 743; DANIEL VIGNES, «Les Nationalisations en Tchécoslovaquie», *loc. cit.*, pág. 259.

345   *Cfr.* NATALIA GAJL, "Les Entreprises d'Etat en France, en Italie et en Pologne", *loc. cit.*, pág. 167.

346   *Vid.* K. KATZAROV, *op. cit.*, págs. 319 y 323. *Cfr.* Z. RYBICKI, "L'Entreprise Publique dans le Système Polonais de L'Economie Planifiée", *loc. cit.*, pág. 317.

347   *Cfr.* J. N. HAZARD, "Soviet Government Corporation", *loc. cit.*, pág. 853.

348   *Cfr.* A. W. RUDZINSKI, *Industrial Management in Poland* (multigrfiada), 10-12-65, págs. 1 y 2.

En ciertos países, como en Polonia, el personal de las empresas del Estado tiene el derecho de participar también directamente en la gestión de la empresa: los trabajadores de la empresa pueden elegir con la mayoría de los votos, un Consejo Obrero, que si bien constituye la base de la institución de la autogestión obrera, no es el único órgano que lleva a cabo esta función. [349] La autogestión obrera ha señalado Rybicki, es una de las formas de desenvolvimiento de la democracia socialista. Ella constituye una base para coordinar la actividad de las diferentes organizaciones obreras que funcionan en el interior de la empresa. Los órganos de la autogestión obrera representan los intereses del personal en materia de producción y en materia social, y juegan también un papel de ensamblaje entre los intereses particulares de la empresa y los intereses nacionales.[350]

Ahora bien, en Polonia, los órganos de la autogestión obrera funcionan en virtud de la ley, de las directivas establecidas por el Consejo Central de los Sindicatos y del estatuto votado por la conferencia de autogestión obrera. De conformidad con estos actos, las tareas de la autogestión obrera consisten principalmente en decidir los asuntos más importantes que conciernen a la empresa, de ejercer el control y la vigilancia sobre la actividad del director de la empresa, y de organizar la realización de los fines económicos y socioculturales de éstas. Los órganos de la autogestión obrera votan los planes anuales y a largo término de la empresa, fundándose sobre las directivas y los índices establecidos por el órgano superior (uniones de empresas); dichos órganos determinan, además, los principios de la repartición de la parte del beneficio destinado al personal votan también los reglamentos interiores de trabajo, y son igualmente competentes para pronunciarse sobre la nominación y la destitución del director de la empresa.[351]

Todas las decisiones de los órganos de autogestión obrera relativas al funcionamiento de la empresa son dirigidas al director, el cual está obligado a asegurar su realización. Sin embargo, el director puede negarse a la ejecución de una decisión determinada cuando estime que ella fue tomada en violación de disposiciones jurídicas en vigor, o cuando considere que es contraria a los planes de la empresa. En este caso, la controversia es resuelta definitivamente por un órgano superior (*ZEDNOCZENIE*) o por una comisión constituida especialmente a este efecto (*KOMISJA ROZJEMCZA*), en la cual participan los representantes de los sindicatos.[352]

En todo caso, fundándose sobre las disposiciones jurídicas en vigor, sobre las directivas emanadas de los órganos superiores, sobre las resoluciones de los órganos de autogestión obrera y sobre su conocimiento de las necesidades económicas,

---

349   *Cfr.* Z. RYBICKI, "Le Régime des Activités...", *loc. cit.*, pág. 267 y 268.

350   *Vid.* Z. RYBICKY, "L'Entreprise Publique dans le Système...", *loc. cit.*, pág. 318.

351   *Vid.* Z. RYBICKI, "Le Régime des Activités...", *loc. cit.*, pág. 268.

352   *Cfr.* Z. RYBICKI, "Le Régime des Activités...", *loc. cit.*, págs. 268 y 269, NATALIA GAJL, «Les Entreprises d'Etat...», *loc. cit.*, pág. 165.

es como el director de la empresa pública polaca, organiza el proceso de producción en la misma.[353]

67. En cuanto al régimen financiero, el principio general de las empresas públicas de los países socialistas es que tienen un patrimonio propio distinto al patrimonio del Estado, aunque en general se las considera como propiedad nacional. Pero a pesar de ello, es decir, de la existencia de un patrimonio propio, con frecuencia la propiedad de ese patrimonio de que dispone la empresa no corresponde en su totalidad a ella misma, considerada como persona jurídica, sino que una parte pertenece al Estado. Resulta de ello a menudo que la empresa estatal, en tanto que persona jurídica, tiene entonces solamente el usufructo de la empresa económica o mercantil o el derecho de explotarla.[354] De aquí que se distinga un patrimonio sobre el cual la empresa sólo tiene el uso de un patrimonio circulante que constituye el verdadero patrimonio de la empresa.

En la U.R.S.S., las empresas del Estado y sus uniones (*TRUSTI*) realizan su propio financiamiento, no reciben créditos por parte del Estado y se consideran separadas del Fisco. Ellas responden de sus deudas con su patrimonio, del que tienen la libre disposición, y el Estado no responde de sus compromisos, por lo que puede establecerse una clara diferencia entre el patrimonio del Estado y el de la empresa. Sin embargo, y por cuanto en la U.R.S.S., sólo el Estado puede poseer los medios de producción incluyendo los bienes de las personas jurídicas y empresas estatales, ello plantea un dualismo en el patrimonio de éstas. En efecto, las empresas estatales poseen un patrimonio que es únicamente aparente: se trata del equipo que les ha sido confiado por el Estado y, que, aunque aquéllas sean diferentes de éste, en tanto que sujetos de Derecho, sigue, dicho equipo, siendo propiedad del Estado, confiriéndoseles simplemente la facultad de utilizarlo; pero, por otra parte, ellas poseen un segundo patrimonio que comprende los materiales que han adquirido para las necesidades de la producción, los productos fabricados, el dinero en caja y las utilidades puestas en reserva. Estos haberes representan su verdadero patrimonio, con el que responden frente a terceros.[355]

Una situación similar se encuentra en Polonia y Checoslovaquia, donde los bienes de la empresa les son conferidos por el Estado a título administrativo y "para uso", quedando siempre propiedad inalienable del Estado.[356] En Bulgaria, las empresas estatales reciben también del Estado fondos de operación suficientes y equipo, quedando este último como propiedad de aquél, y las empresas tan sólo

---

353   *Cfr.* Z. RYBICKI, "Le Régime des Activités...", *loc. cit.,* págs. 268 y 269.

354   *Cfr.* K. KATZAROV, *op. cit.,* pág. 327.

355   *Cfr.* K. KATZAROV, *op. cit.,* pág. 317.

356   *Cfr.* Z. RYBICKI, "Le Régime des Activités...", *loc. cit.,* pág. 265; N. GAJL, «Les Entreprises d'Etat...», *loc. cit.,* pág. 164; V. KNAPP, «Quelques Remarques...», *loc. cit.,* pág 740; DANIEL VIGNES, «Les Nationalisations en Tchécoslovaquie», *loc. cit.,* págs. 259 y 263.

lo utilizan; frente a terceros, estas últimas responden con su patrimonio circulante, constituido por los materiales y los productos fabricados, los fondos para gastos de operación y las utilidades. Este "patrimonio circulante" constituye entonces, también, su verdadero patrimonio.[357]

Por otra parte, las empresas en los países socialistas, generalmente, deben transferir al Estado parte de sus utilidades, y presumiblemente como contrapartida del usufructo que el Estado cede a las mismas respecto a los bienes.[358] En Polonia, por ejemplo, los beneficios percibidos por las empresas se dividen en varias partes con diversos destinos, una de las cuales va al tesoro del Estado.[359]

68. Por último, en cuanto a las relaciones internas de la empresa pública con su personal, en los países socialistas ellas no caen generalmente dentro del campo de acción del Derecho Público, y, por tanto, están sometidas al régimen ordinario del Derecho del Trabajo, tal como sucede en la U.R.S.S., Rumania y Polonia. [353] Sin embargo, en Hungría y Checoslovaquia rige el estatuto de Derecho Público para el personal, y en Bulgaria, aun cuando éste está regido por el Derecho Privado, en cuanto a su responsabilidad penal y disciplinaria, rigen las mismas normas que para los funcionarios públicos.[360]

c)   Régimen jurídico externo

69. El principio general en cuanto al régimen jurídico externo de las empresas públicas en los países socialistas, es que está regulado por las disposiciones del Derecho Civil, tal como sucede en la U.R.S.S., Yugoeslavia, Polonia, Checoslovaquia y Rumania.[361] Como consecuencia, los actos de estas empresas estatales no tienen el carácter de actos administrativos, sino el de transacciones derivadas del Derecho Privado que descansan en la autonomía de la voluntad y en la libertad de contratación; y, por tanto, las controversias que de ellos surjan no serán resueltas por funcionarios del Estado, sino por los tribunales civiles ordinarios.[362]

---

357   *Vid.* K. KATZAROV, *op. cit.*, págs. 319; del mismo autor, «Les Nationalisations en Bulgarie», *loc. cit.*, pág. 160.

358   *Cfr.* K. KATZAROV, *op. cit.*, pág. 327; CHARLES D›ESZLARY, «Les Nationalisations en Hongrie», *loc. cit.*, pág. 204; DANIEL VIGNES, «Les Nationalisations en Tchécoslovaquie», *loc. cit.*, pág. 259.

359   *Vid.* Z. RYBICKI, "L'Entreprise Publique dans le Système...", *loc. cit.*, pág. 317.

360   *Vid.* CHARLES D'ESZLARY, "Les Nationalisations en Hongrie", *loc. cit.*, pág. 203; DANIEL VIGNES, «Les Nationalisations en Tchécoeslovaquie», *loc. cit.*, pág. 260; K. KATZAROV, «Les Nationalisations en Bulgarie», *loc. cit.*, pág. 162.

361   *Vid.* ELIS HASTAD, "Tipos de Industrias Nacionalizadas", *loc. cit.*, pág. 67; J. N. HAZARD, «Soviet Government Corporation», *loc. cit.*, págs. 860 y 861; Z. RYBICKI, «Le Régime des Activités...», *loc. cit.*, pág. 266; K. KATZAROV, *op. cit.*, págs. 320 y 322; V. KNAPP, «Quelques Remarques...», *loc. cit.*, págs. 744 y sig.

362   *Cfr.* K. KATZAROV, *op. cit.*, pág. 378; ELIS HASTAD, «Tipos de Industrias Nacionalizadas», *loc. cit.*, pág. 67.

70. Como consecuencia de lo anteriormente señalado, generalmente se reconoce que las empresas estatales de los países socialistas adquieren la calidad de comerciantes, tal como sucede en Bulgaria y Hungría.[363] Asimismo en Checoslovaquia y Polonia, por ejemplo, donde se exige la inscripción de las empresas en el Registro de Comercio, ello les da dicho carácter. [364] En general, ha dicho K. Katzarov, puede deducirse que en la medida en que se conserva la distinción entre "particulares" y "comerciantes", las empresas estatales erigidas en virtud de las leyes especiales sobre empresas estatales, como personas jurídicas diferentes al Estado, pueden adquirir y poseer la calidad de comerciante, puesto que ejercen actos de comercio en su nombre y por profesión, aunque, sin embargo, no pueda considerárselas como sociedades mercantiles o personas jurídicas mercantiles, porque la ley no las proclama como tales.[365]

71. Por último, y en cuanto al régimen fiscal de las empresas públicas en los países socialistas, este es, en general, el mismo que está establecido para cualquier otra actividad privada. [366] Sin embargo, en algunos países, como en Rusia, se ha previsto un impuesto sobre las ventas o sobre el movimiento comercial de las empresas estatales, que además de ser el más importante en volumen,[367] viene a ser una de las principales repercusiones hacendísticas de la socialización. En efecto, en él se encarna la idea de que el Presupuesto del Estado debe recoger la diferencia entre el costo de producción de una mercancía y el precio que alcanza, siendo determinado este último, en todo caso, no por el libre juego del mercado, sino por la concreta apreciación del autor del plan.[368] Paralelamente a ese impuesto, se ha previsto también un impuesto sobre las ganancias realmente obtenidas por las empresas públicas, mediante el cual se despoja a la empresa de cuantas ganancias rebasen sus necesidades de ampliar la producción (inversiones de capital, aumento de capital de explotación) y de nutrir el fondo destinado a atenciones sociales y culturales de los empleados y obreros de la misma.[369]

---

363   *Vid.* K. KATZAROV, "Les Nationalisations en Bulgarie", *loc. cit.*, pág. 161; CHARLES D'ESZLARY, «Les Nationalisations en Hongrie», *loc. cit.*, pág. 202.

364   *Cfr.* K. KATZAROV, *op. cit.*, pág. 320; STANISLAW SZWAJCER, «Les Nationalisations en Pologne», *loc. cit.*, pág. 237.

365   *Vid.* K. KATZAROV, *op. cit.*, pág. 363

366   *Cfr.* K. KATZAROV, *op. cit.*, págs. 329 y 320.

367   *Vid.* R. FERNANDEZ-CARVAJAL, "Las Empresas Públicas en Rusia", *loc. cit.*, pág. A59; J. N. HAZARD, «Soviet Government Corporation», *loc. cit.*, pág. 867, llama a este impuesto «turnover tax», y CH. BETTEL- HEIM, *La Planification Soviétique, cit.*, pág. 172, lo denomina «impôt sur le chiffre d'affaires».

368   *Cfr.* A. BAYKOV, "The Development of the Soviet Economie System... *cit.*, pág. 367, cit. por R. FERNANDEZ-CARVAJAL, «Las Empresas Públicas en Rusia», *loc. cit.*, pág. 459.

369   *Cfr.* R. FERNANDEZ-CARVAJAL, "Las Empresas Públicas en Rusia" *loc. cit.*, pág. 460.

d) Formas jurídicas especiales

72. En los parágrafos precedentes hemos estudiado los rasgos característicos de las empresas del Estado de los países socialistas, caracterizadas porque, a pesar de tener personalidad jurídica distinta de la de aquél, con patrimonio propio, continúan siendo de propiedad nacional. Esta situación tuvo lugar, asimismo, originalmente, en Yugoslavia, pero a partir de 1950, con la ley fundamental sobre la gestión de las empresas económicas del Estado por las colectividades obreras, comenzó la evolución hacia una verdadera propiedad socialista, por el reconocimiento de ciertos derechos a los productores (a la clase obrera) en las empresas, y por la implantación del llamado autogobierno de los productores.[370]

La ley constitucional yugoslava, en efecto, generaliza y constitucionaliza los derechos de los productores y de las colectividades de trabajo en las empresas económicas, y, según dicha ley, el autogobierno económico de los productores se funda en los siguientes derechos: 1) Derecho de la colectividad de trabajo a administrar la empresa o la cooperativa, ya sea directamente o a través de los Consejos Obreros, elegidos y revocados por los productores; 2) Elegibilidad de los productores para los cuerpos representativos de las empresas económicas; 3) Derecho de la empresa económica a disponer de sus ingresos, después de cumplidas sus obligaciones sociales; 4) Derecho de la empresa a fijar la remuneración de sus trabajadores, dentro del límite de sus capacidades; 5) Derecho de la empresa a fijar de manera autónoma sus propios planes económicos; 6) Derecho de los productores a participar, mediante sus representantes, en las nuevas Cámaras de las Asambleas Populares —Consejos de Productores—, en la determinación de los recursos materiales consagrados a la satisfacción de las necesidades sociales y a su forma de empleo.[371]

Sin duda, los derechos de autogobierno así definidos, en forma general, no son en la actualidad integralmente ejercidos por los productores yugoslavos. No obstante, tal como lo señala Djordjevich, y dentro de las condiciones actuales de la evolución económica, cultural y social del país, el autogobierno de los productores llena ya algunas funciones sociales fundamentales, como las siguientes:

La primera consiste en alejar el llamado capitalismo de Estado. El autogobierno prohíbe la identificación de la organización económica con la organización del Estado e impide a la burocracia establecer su tutela sobre la vida económica y poner obstáculos a la libre acción de las leyes económicas y al mercado libre. Por otra parte, significa el abandono de "la planificación total del Estado" en la vida económica, pues se considera que ésta frena el desarrollo de las fuerzas de producción, el mejoramiento de la productividad, la iniciativa creadora de los productores y la autonomía de las unidades económicas.[372]

---

370 *Vid.* STANKO GROZDANIC, "Administrative Management of Public Enterprise in Yugosiavie", *RISA*, 1966, N° 1, págs. 43 y 44.

371 *Vid.* en JOVAN DJORDJEVICH, Yugoslavia, Democracia Socialista, *cit.*, pág. 63. *Cfr.* NIKOLA STJEPANOVIC, "Les Nationalisations et l'évolution de la gestion de l'économie en Yougoslavie", *loc. cit.*, págs. 280 y sigts.

372 *Vid.* J. DJORDJEVICH, *Yugoslavia, Democracia Socialista, cit.*, pág. 64.

La segunda función del autogobierno, es impulsar la transferencia de los medios de producción de manos del Estado a manos de los productores. El Estado deja de ser gradualmente propietario y el derecho individual del productor a la propiedad de los productos de su trabajo es progresivamente reconocido. Esto, según Djordjevich, representa una garantía fundamental para la libertad de la iniciativa creadora, y para el reconocimiento de la dignidad del hombre creador; es el comienzo de una verdadera democracia económica, que extiende a la economía la soberanía del pueblo trabajador y liga así la soberanía económica a la soberanía política.[373]

Sin embargo, y aun cuando, sin duda alguna, Yugoslavia está prosiguiendo el programa de planificación de la economía, al propio tiempo, tanto la iniciativa como la responsabilidad de la actividad industrial es cosa propia de las autoridades políticas locales como reflejo del movimiento de descentralización. Por ello, la moderna economía yugoslava, en su forma más acentuada, puede ser considerada como basada sobre la libre competencia entre las empresas comunales que, en general, gozan de autonomía en la determinación de los precios; o, dicho en otras palabras, los yugoslavos han logrado en cierta forma fundir los principios de la empresa libre y de la propiedad colectiva.[374]

Por último, debe señalarse que es en Yugoslavia donde, por primera vez en la historia, se instituyó el sistema del autogobierno de los productores, que da a la noción de propiedad social —una "propiedad" que no pertenece a ningún grupo ni al Estado— su verdadero significado. Esta, por otra parte, es el marco dentro del cual se realizan en Yugoslavia dos derechos contradictorios: el derecho de los productores a administrar los medios de producción y apropiarse de su parte del producto social, y el derecho de la comunidad a determinar, por intermedio de los cuerpos representativos, el monto de los recursos a deducir del producto social, para la satisfacción de las necesidades de la sociedad.[375]

5. SOCIEDADES MERCANTILES DE CAPITAL PÚBLICO

A) Introducción

73. Pero aparte de la posibilidad de que el Estado desarrolle sus actividades industriales y comerciales a través de entes dotados de personalidad jurídica de carácter público o semipúblico, es frecuente encontrar en el Derecho Comparado ejemplos del recurso, por parte de aquél, a la forma societaria mercantil para el desarrollo de esas actividades, aunque en países como en Inglaterra y Australia, este fenómeno sólo se produce excepcionalmente.[376] Ahora bien, en la mayoría de los supuestos, el recurso a la forma societaria de Derecho Privado para la realización de actividades económicas por parte del Estado, se lleva a cabo paralelamente a la uti-

---

373   *Vid.* J. DJORDJEVICH, *Yugoslavia, Democracia Socialista, cit.* págs. 64 y 65.

374   *Vid.* ELIS HASTAD, "Tipos de Industrias Nacionalizadas", *loc. cit.,* pág. 67.

375   *Vid.* J. DJORDJEVICH, *Yugoslavia, Democracia Socialista, cit.,* pág. 71.

376   *Vid.* A. H. HANSON, "L'Organisation des Entreprises...", *loc. cit.,* pág. 111; G. LANGROD, «L'Entreprise Publique en Droit Administratif Comparé», *loc. cit.,* pág. 219. *Cfr.* W. A. ROBSON, "La Empresa Pública en Gran Bretaña", *loc. cit.,* pág. 74; M. A. FLAMME, «La Empresa Pública...», *loc. cit.,* pág. 82.

lización de formas jurídicas de Derecho Público o semipúblico, tal como sucede en todos los países de Europa occidental y en la América Latina.[377] En otros sistemas, al contrario, el Estado generalmente desarrolla sus actividades industriales y comerciales a través de estas sociedades, siendo excepcional la utilización de figuras de Derecho Público, tal como sucede en Austria, [378] Grecia, [379] Suecia y Finlandia, [380] o siendo difícil su reconocimiento.[381]

74. En todos estos supuestos, la utilización de la forma jurídico-mercantil por parte del Estado, persigue objetivos más o menos concretos: dotar de personalidad jurídico-privada a un patrimonio adscrito a un fin, obteniendo, además, el beneficio de la responsabilidad limitada; someterse a las leyes y usos del comercio; escapar a la aplicación del Derecho Administrativo, resolviendo por este cómodo procedimiento el problema de las relaciones entre el ente público y la empresa; fomentar su crédito frente a terceros; y dotarla de una gestión ágil, tanto desde el punto de vista jurídico como económico. [382] Ante estos objetivos, es evidente que el Estado no ha dudado de recurrir a las formas de Derecho Privado antes que a la forma del establecimiento público sometido funcionalmente al Derecho Administrativo, aun

---

377 Vid: Alemania: KLAUS VÔGEL, *Die Wirstchaftliche...*, *cit.*, págs. 2 y 4; E. FORSTHOFF, *op. cit.*, pág. 660; WOLFGANG ZETZSCHKE, «Las Empresas Públicas en la República Federal Alemana», *loc. cit.*, pág. 97; Francia: R. DRAGO, «Le Régime des Activités...», *loc. cit.*, pág. 453; Bélgica: M. A. FLAMME, «Le Régime des Activités...», *loc. cit.*, pág. 393: Finlandia: TORE MODEEN, *Le Régime des Activités...*, *cit.*, págs. 12 y 20; Italia: M. S. GIANNINI, «Sobre las Empresas Públicas», *loc. cit.*, pág. 20; M. S. GIANNINI, *Le Régime des Activités...*, *cit.*, pág. 4; España: MANUEL BROSETA PONT, «La Sociedad Anónima Pública...», *loc. cit.*, pág. 495; J. L. VILLAR PALASI, «La Actividad Industrial del Estado...», *loc. cit.*, págs. 94 y 100; F. GARRIDO FALLA, «Las Empresas Públicas», *loc. cit.*, pág. 138; Brasil: ANTONIO BROCHADO DA ROCHA. *Informe Brasileño al IV CIFE. loc. cit.*, Vol. IV., págs. 105, 107 y 109; Argentina: AGUSTÍN A. GORDILLO, *Empresas del Estado, cit.*, pág. 57 y síg.; R. BIELSA, «Las Sociedades de Economía Mixta, Los Servicios Públicos y las Industrias de Interés Nacional», *Estudios de Derecho Público*, Tomo I, Buenos Aires, 1950, pág. 593; Venezuela: ELOY LARES MARTÍNEZ, *Manual de Derecho Administrativo*, Caracas, 1963, pág. 186; Chile: ENRIQUE SILVA CIMMA, *Derecho Administrativo Chileno y Comparado*, Santiago de Chile, 1961, Tomo II, pág. 295.

378 *Vid.* GERHARDT PLÖCHL, Die Öffentliche... *cit.*, págs. 4 y 8; M. BAENA DEL ALCAZAR, "La Intervención de la Administración en la Economía Austríaca", *RAP*, N' 42, 1963, pág. 450; W. WEBER, "State-Controlled Enterprise in Austria", *RISA*, 1962, N° 2, pág. 196.

379 *Vid.* PELLA LENOUDIA, "La Empresa Pública en Grecia, ICE, marzo, 1964, pág. 152.

380 *Vid.* HAKAN STRÖMBERG, "La Empresa Pública en Suecia" ICE, marzo, 1964, págs. 145, 147 y 149; TORE MODEEN, Le Régime des Activités..., *cit.*, págs. 12, 15 y 20.

381 *Vid.* LLOYD D. MUSOLF, "Public Enterprise and «Developed» Organization Forms: South Vietnam", en RISA, 1963, N° 3, pág. 266.

382 *Cfr.* MANUEL BROSETA PONT, "La Sociedad Anónima Pública...", *loc. cit.*, págs. 505 y 506.

cuando la utilización de la forma societaria sea exclusivamente formal o se la considere en ciertos casos como una ficción.[383]

Por otra parte, quizás el objetivo fundamental que ha llevado al Estado a utilizar la forma societaria es la limitación de la responsabilidad al capital aportado en la empresa,[384] hasta tal punto, que en algunos países, como en Alemania, está prohibido al Estado recurrir o participar en formas societarias en las que la responsabilidad de los socios no esté limitada a una cantidad determinada.[385]

Por último, debe señalarse que, generalmente, los poderes públicos son libres de utilizar la forma societaria de Derecho Privado para desarrollar sus actividades comerciales, aunque en Alemania por ejemplo, esa participación está condicionada a que un interés estatal importante así lo exija, o que el fin perseguido no pueda alcanzarse de otra manera distinta y siempre que esa utilización de la forma de Derecho Privado no perjudique los fondos públicos.[386]

75. Ahora bien, en todos los casos señalados, y sin que la utilización normal o excepcional de la forma societaria influya, el régimen jurídico aplicable a dichas personas jurídicas es el régimen de Derecho Privado, y concretamente, de Derecho Comercial, que rige normalmente esas formas jurídicas cuando son constituidas por particulares. La participación del Estado, como único accionista o en régimen de economía mixta en dichas sociedades, en principio, no debería hacer variar el régimen jurídico aplicable. Sin embargo, la realidad, en los sistemas jurídicos contemporáneos, muestra la existencia de muchas derogaciones al régimen común de las sociedades que produce la presencia del Estado, y que es necesario analizar.

Para ello, se estudiará, separadamente, la sociedad mercantil pública unipersonal y la sociedad mercantil de economía mixta, según que el Estado sea el único accionista de la empresa o participe junto con otras personas privadas en el capital de esta.

B) La Sociedad Mercantil Pública Unipersonal

76. Dado el sometimiento al respectivo Código de Comercio, el régimen jurídico de estas sociedades mercantiles públicas en las cuales el Estado es único accionista, en principio, es el determinado por el Derecho Mercantil, Civil y Laboral y

---

383   *Vid.* MANUEL BROSETA PONT, "La Sociedad Anónima Pública...", *loc. cit.,* pág. 503; M. A. FLAMME, «Le Régime des Activités...», *loc. cit.,* pág. 395.

384   *Cfr.* T. R. FERNANDEZ RODRÍGUEZ, "Notas para un Planteamiento de los Problemas Actuales de la Empresa Pública", *loc. cit.,* pág. 119; K. KATZAROV, *op. cit.,* págs. 314 y 323; HAKAN STRÖMBERG, «La Empresa Pública en Suecia», *loc. cit.,* pág. 148.

385   *Vid.* KLAUS VOGEL, Die Wirstchaftliche..., *cit.,* pág. 4.

386   *Vid.* KLAUS VOGEL, *Die Wirstchaftliche...,* *cit.,* pág. 9; *Cfr. Informe de la República Federal Alemana al IV CIEF, loc. cit.,* Vol. IV, pág. 137.

por las disposiciones especiales que les sean aplicables. Sin embargo, dada la presencia del Estado en esas sociedades, surgen una serie de derogaciones al régimen y a la estructura de las sociedades mercantiles, que conducen a concluir en que la aplicabilidad de las normas de Derecho Comercial no puede ser total e íntegra. En primer lugar, porque algunas disposiciones especiales que regulan estas sociedades establecen numerosas derogaciones expresas al régimen de las sociedades anónimas; por ejemplo, y entre otras que veremos, desaparece la pluralidad de socios, y se establece generalmente la intransmisibilidad de las acciones del Estado, así como un control externo sobre la sociedad anónima. Pero, además, el hecho de ser un ente público accionista y el hecho de que éste sea el único socio, hace inaplicable en muchos casos el régimen jurídico de las sociedades anónimas o de responsabilidad limitada, ya que desaparecen órganos y faltan algunos requisitos esenciales; por ejemplo, veremos que falta generalmente la Asamblea o Junta general, y que el régimen de las acciones pierde en cierta forma sentido.[387]

Muchos de estos inconvenientes, sin embargo, se han tratado de superar por la participación en el capital de la empresa, del Estado y de otra persona pública, como, por ejemplo, de institutos autónomos o establecimientos públicos. En estos casos, aun cuando no existe un solo accionista, el capital sigue siendo en su totalidad de carácter público.

77. Ahora bien, ante el tipo de sociedad unipersonal mercantil pública, el primer problema que surge es el de la posibilidad misma de la sociedad unipersonal o con un solo accionista. [388] En efecto, partiendo de la idea general de que la sociedad es un contrato "por el cual dos o más personas convienen en contribuir, cada una con la propiedad o el uso de las cosas, o con su propia industria, a la realización de un fin económico común" —siguiendo la definición del Código Civil venezolano, que fue tomada del Proyecto franco-italiano de las Obligaciones y recogida asimismo por el Código Civil italiano—, [389] es necesario convenir que, en general, el acto constitutivo de la sociedad debe tener una base colectiva inicial. No desconocemos, que algunos derechos positivos, como el de Suecia, permitan la creación de sociedades con un único accionista,[390] pero en todo caso, se trata de algo excepcional. Ante esta posición, la doctrina admite sin dificultad la existencia de la sociedad unipersonal sobrevenida, la cual presupone que, habiéndose constituido regularmente con pluralidad de funda-

---

387   *Cfr.* MANUEL BROSETA PONT, "La Sociedad Anónima Pública...", *loc. cit.*, pág. 498; M. A. FLAMME, «La Empresa Pública...», *loc. cit.*, pág. 121.

388   *Vid.* ROBERTO GOLDSCHMIDT, *"La Sociedad de una sola persona con especial referencia al Derecho Venezolano"*, en Ponencias Venezolanas al VII Congreso Internacional de Derecho Comparado (Uppsala, 1966), Caracas, 1966, págs. 9 a 27.

389   *Vid.* artículo 1649 del Código Civil Venezolano; artículo 531 del Proyecto Franco-Italiano de las Obligaciones; artículo 521 del Código Civil Italiano.

390   *Vid.* CARL HEMSTRÖM, "The One-Man Company in Swedish Law", en *Swedish National Reports to the Vllth. International Congress of Comparative Law*, Uppsala 1966, Estocolmo, 1966, pág. 43.

dores, las acciones se concentran posteriormente en una sola mano. [391] Esta, puede decirse, es la posición general respecto a la admisibilidad de sociedades en que el Estado es único accionista. [392] En efecto, generalmente y aun ante la participación del Estado, surge la imposibilidad de crear sociedades unipersonales, sin el concurso de otras personas jurídicas, aun cuando se admita la sociedad unipersonal sobrevenida. Esta es, por ejemplo, la posición del Derecho alemán, según el cual, una sociedad anónima o de responsabilidad limitada sólo puede fundarse al menos por cinco o dos personas, respectivamente, por lo cual los sujetos de la administración pública no pueden fundar jurídicamente una sociedad propia sin participación ajena. Sin embargo, admite Vogel, este requisito puede eludirse haciendo que empleados o funcionarios del organismo público correspondiente actúen como particulares en la constitución de la sociedad y más tarde transfieran sus acciones al organismo público.[393]

Ante esta situación general, el Derecho español muestra en la Ley sobre Sociedades Anónimas una norma realmente excepcional respecto al Derecho universal de sociedades, en el que no existe un precepto análogo, en el cual, después de ordenar que el número de fundadores de una sociedad anónima no podrá ser inferior a tres, agrega que "se exceptúa de lo establecido en el parágrafo anterior las sociedades constituidas por organismos estatales, provinciales o municipales, en aplicación de las disposiciones vigentes".[394]

78. Ahora bien, sea que el Estado se constituya en único accionista desde un inicio, o sea que lo haga posteriormente, en todo caso, la forma jurídica mercantil de la empresa produce que las mismas sean consideradas como comerciantes,[395] y, por tanto, que, jurídicamente, se las considere como personas privadas sometidas al Derecho común y a los tribunales ordinarios. En consecuencia, las sociedades de capital público en general no ejercen ninguna clase de facultad pública, con la excepción en algunos países, como Suecia, en los cuales han de recaudar impuestos indirectos como, por ejemplo, los impuestos sobre tabaco, el alcohol y la lotería.[396]

Por otra parte, el personal que presta en ellas sus servicios no puede ser considerado como perteneciente a la función pública, encontrándose, al contrario, sometido al Derecho Laboral.[397] Asimismo, y en cuanto el régimen fiscal, generalmente se

---

391   *Cfr.* MANUEL BROSETA PONT, "La Sociedad Anónima Pública...", *loc. cit.*, pág. 503.

392   *Vid.* GERHARDT PLÖCHL, *Die öffentliche...*, *cit.*, pág. 8; R. DRAGO, «Le Régime des Activités...», *loc. cit.*, pág. 453; K. KATZAROV, *op. cit.*, pág. 309; PELLA LENOUDIA, «La Empresa Pública en Grecia», *loc. cit.*, pág. 153.

393   *Vid.* KLAUS VOGEL, *Die Wirstchaftliche...*, *cit.* pág. 4.

394   *Vid.* MANUEL BROSETA PONT, "La Sociedad Anónima Pública..." *loc. cit.*, pág. 497.

395   *Cfr.* GERHARDT PLÖCHL, *Die öffentliche...*, *cit.*, pág. 11; R. DRAGO, «Le Régime des Activités...», *loc. cit.*, pág. 456.

396   *Vid.* HAKAN STRÖMBERG, "La Empresa Pública en Suecia", *loc. cit.*, pág. 149.

397   *Cfr.* G. LANGROD, "L'Entreprise Publique en Droit Administratif Comparé", *loc. cit.*, pág. 227; R. DRAGO, «Le Régime des Activités...», *loc. cit.*, pág. 454; HAKAN STRÖMBERG, «La Empresa Pública en Suecia», *loc. cit.*, pág. 149.

encuentran sometidas estas empresas al mismo régimen ordinario que rige para las sociedades mercantiles, aun cuando pueden gozar de exenciones y exoneraciones especiales. [398] En Grecia, sin embargo, está prevista una exención general de toda obligación de pagar impuestos y contribuciones, lo que en realidad supone un alejamiento del principio del funcionamiento "comercial" de las empresas del Estado.[399]

79. Siendo el Estado único accionista en una sociedad mercantil, la influencia del mismo en la actividad de ésta se lleva a cabo en formas indirectas: ejercitando a través del ministro respectivo sus derechos como accionista o dando instrucciones a los miembros del Consejo de Administración nombrado por aquél.[400] Por ello se dice que estas empresas, aun cuando virtualmente dirigidas por sus órganos estatutarios, están bajo la supervisión y control del Ministro respectivo.[401]

80. Todo esto trae como consecuencia la existencia de anomalías respecto al régimen normal de las sociedades. En efecto, en toda sociedad mercantil pública unipersonal falta, realmente, la Asamblea General entendida como órgano deliberante, puesto que el único accionista no puede deliberar consigo mismo. Sin embargo, siendo la Asamblea un órgano necesario cuya composición, facultades y funcionamiento se regulan por las normas mercantiles de las sociedades, en algunos casos se ha pretendido formalmente sustituirla atrayendo sus funciones a un ente o a una corporación pública, que sustancialmente no puede considerarse como verdadera Asamblea General supuesto que su constitución, su funcionamiento y sus facultades se rigen por sus normas propias, que no son precisamente las contenidas en las leyes mercantiles. Así, por ejemplo, en España, para algunas de las sociedades creadas por entes locales, se dice que el Concejo Municipal o la Corporación local en pleno actuará como Asamblea General.[402] Por otra parte, en cuanto a los órganos directivos de la sociedad, también surgen anomalías: así, el Consejo Directivo en las sociedades públicas unipersonales, no se nombra ni revoca directamente por la Asamblea General, pues ésta no existe en sentido estricto, sino por el único accionista. En esta forma, esos actos de nombramiento o revocación constituyen verdaderos actos administrativos que están sometidos al Derecho Público y no al Derecho Privado.[403]

81. Por otra parte, aun cuando la forma normal de ejercer el control y dirección sobre la empresa por parte del Estado sea el ejercicio de sus derechos como titular de

---

398   *Cfr.* R. DRAGO, "Le Régime des Activités...", *loc. cit.*, pág. 457; DU PONT, L'Etat Industriel, *cit.*, pág. 110; GERHARDT PLÖCHL, Die Öffentliche..., *cit.*, pág. 10; TORE MODEEN, Le Régime des Activités..., *cit.*, págs. 14 y 16; HAKAN STRÖMBERG, «La Empresa Pública en Suecia», *loc. cit.*, pág. 149.

399   *Vid.* PELLA LENOUDIA, "La Empresa Pública en Grecia", *loc. cit.*, págs. 157 y 158.

400   *Cfr.* HAKAN STRÖMBERG, "La Empresa Pública en Suecia", *loc. cit.*, pág. 149.

401   *Cfr.* PELLA LENOUDIA, "La Empresa Pública en Grecia", *loc. cit.*, pág. 153.

402   *Vid.* MANUEL BROSETA PONT, "La Sociedad Anónima Pública...", *loc. cit.*, pág. 501.

403   *Cfr.* MANUEL BROSETA PONT, "La Sociedad Anónima Pública...", *loc. cit.*, pág. 502; GERHARDT PLÖCHL, *Die Öffentliche...*, *cit.*, págs. 16 y 17.

acciones, es necesario señalar que en estas sociedades unipersonales materialmente no existe el régimen de las acciones, que es esencial en toda sociedad anónima. En efecto, es necesario convenir en que en las sociedades públicas unipersonales, las acciones no son realmente parte alícuota del capital, cuando no se las utiliza como instrumento de financiación ni como medio para medir la intensidad en el ejercicio de los derechos sociales, puesto que ambos suponen la pluralidad de socios. Por otra parte, no puede señalarse con generalidad que estas acciones constituyan títulos valores, cuando con frecuencia la ley dispone que son intransferibles, como sucede en algunos casos en Austria y Finlandia,[404] y cuando en ellas la legitimación para asistir a sus pretendidas Asambleas Generales, se atribuye, no por ser accionista, sino por el hecho de ser concejal, como sucede en algunos casos en España.[405]

82. Por último, y aun cuando, en principio, estas empresas se rijan por el Derecho de sociedades mercantiles, es inverosímil pensar en la aplicabilidad a estas sociedades públicas de las causas de liquidación previstas por las leyes mercantiles.

En efecto, en algunos países, como en Austria, esto está claramente determinado en forma general, al exigirse que la disolución o liquidación de la empresa sólo puede hacerse mediante una ley especial. [406]

Al contrario, en la mayoría de los países, no hay una regulación general al respecto, y si bien teóricamente, dada la calidad de comerciante de estas empresas, procedería instaurarse un procedimiento de quiebra contra ellas, ello es difícilmente posible, pues el Estado, por motivos de interés general, iría seguramente en ayuda de las mismas cuando se encuentren en dificultad.[407] Sin embargo, ante esto, es necesario observar que por ello, la deficiente gestión de una empresa pública no lleva consigo para sus dirigentes, una sanción semejante a la que la quiebra supone para el empresario privado, pues los directores y administradores de la sociedad pública se ven menos afectados que aquél por la crisis de la empresa. En efecto, para el empresario privado, la empresa constituye su profesión y su vida; para el responsable de la empresa pública, ésta no tiene tal carácter sino accidentalmente, pues en cualquier caso si, como sucede con frecuencia, el funcionario, fracasada su gestión, puede volver al puesto propio de su carrera administrativa. Por ello, T. R. Fernández Rodríguez considera, con sobrada razón, que es necesario llevar

---

404   *Vid.* GERHARDT PLÖCHL, *Die Öffentliche...*, *cit.*, pág. 11; TORE MODEEN, *Le Régime des Activités... cit.*, pág. 13.

405   *Vid.* MANUEL BROSETA PONT, "La Sociedad Anönima Publica...", *loc. cit.*, pág. 501.

406   *Vid.* GERHARDT PLÖCHL, *Die Öffentliche...*, *cit.*, pág. 10; en forma especial en Bélgica: *Vid.* M. A. FLAMME, *Le Régime des Activités...*, cit. (multigrafiada), pág. 59.

407   *Cfr.* R. DRAGO, "Le Régime des Activités...", *loc. cit.*, pág. 456; A. DELION, *L'Etat et les Entreprises Publiques*, *cit.*, pág. 22; KLAUS VOGEL, *Die Wirstchaftliche...*, *cit.*, pág. 8; M. A. FLAMME, Le Régime des Activités..., cit. (multigrafiada), págs. 57 y 59; M. S. GIANNINI, «Sobre las Empresas Públicas», *loc. cit.*, págs. 12 y 15; K. KATZAROV, *op. cit.*, pág- 323.

a cabo, en este aspecto, una asimilación del carácter de los empresarios privados y públicos, y para ello, es presupuesto previo lograr el interesamiento de éste en la empresa de una manera eficaz.[408] Mientras esto no se haga, continúa en vigor la célebre frase de Ripert, formulada al observar la aparición del fenómeno económico del Estado: "*S'emparer des propietés privées est chose qui, juridiquement, est relativement facile; les exploiter selon les formes privées, est plus difficile*".[409]

C)   La sociedad de economía mixta

83. En general, se aplica la noción de empresa o sociedad de economía mixta, a las sociedades en las cuales se encuentran asociados capitales públicos y capitales privados, en vista de una explotación industrial o comercial.[410] Sin embargo, está noción, en parte menos jurídica que económica, requiere precisiones. En primer lugar, la asociación del capital público con el privado puede surgir desde el inicio de la vida jurídica de la empresa, como por un hecho posterior, cuando una persona pública territorial adquiere parte del capital de una sociedad comercial, o cuando al contrario, se produce la privatización de parte del capital de una sociedad mercantil unipersonal del Estado, como ha sucedido con frecuencia en Austria. [411] Por otra parte, para que se pueda estar en presencia de una sociedad de economía mixta, es necesario que sea el Estado u otra colectividad pública, es decir, que sea una persona pública territorial, el ente que participe en el capital. De ahí que en general, contrariamente a la situación argentina, [412] la presencia de capitales aportados por establecimientos públicos u otras sociedades públicas no es suficiente para la calificación de economía mixta. Así lo exigía, por ejemplo, la ley cubana sobre Sociedades de Economía Mixta, que las definía como "toda empresa en que el Estado participa en el capital de la misma y en su gestión o administración, conjuntamente con el capital privado".[413] Además, en la calificación de economía mixta de una sociedad también entran en juego las proporciones respectivas del capital público y del capital privado, exigiéndose generalmente, que exista una participación tal, que

---

408   *Vid.* T. R. FERNANDEZ RODRIGUEZ, "Notas para un Planteamiento de los problemas actuales de la Empresa Pública", *loc. cit.*, pág. 121.

409   *Vid.* G. RIPERT, *Le Régime Démocratique et le Droit Civil Moderne*, Paris, 1948, pág. 246, cit. por K. KATZAROV, *op. cit.*, pág. 291; cit. igualmente por T. R. FERNANDEZ RODRIGUEZ, «Notas para un Planteamiento...», *loc. cit.*, pág. 121.

410   *Cfr.* P. DU PONT, *L'Etat Industriel*, *cit.*, pág. 65. Para un análisis de Derechos extranjeros sobre estas sociedades, *Vid.* HÉCTOR CÁMARA, *Sociedades de Economía Mixta*, Buenos Aires, 1954, pág. 13 y sig. Sobre los problemas que conlleva la noción *Vid.* LUIZ GASTÃO PAES DE BARROS LEÄES, "O conceito juridico de Sociedade de Economía Mista", *Revista de direitto Administrativo*, Nº 79, Rio de Janeiro, 1965, pags 1 y sigts.

411   *Vid.* GERHARDT PLÖCHL, *Die Öffentliche...*, *cit.*, pág. 2.

412   *Vid.* AGUSTIN A. GORDILLO, *Empresas del Estado, cit.*, págs. 98 y 165.

413   *Vid.* en *Información Jurídica*, No. 138, Madrid, 1951, pág. 923.

los capitales público y privado compartan la dirección de la empresa. Por tanto, la existencia de una mínima proporción de capital privado en la empresa y, por tanto, de una influencia total del Estado, hará pensar más bien que se está en presencia de una sociedad comercial pública.[414] Al contrario, si la presencia del Estado en el capital representa una mínima proporción, se estará en presencia, antes de que, en una empresa de economía mixta, en el llamado accionariado del Estado. [415] Por ello, la empresa de economía mixta está caracterizada por la presencia de los sectores públicos y privados en la dirección de la sociedad, aunque generalmente con alguna preponderancia de los intereses públicos,[416] lo que por otra parte se exige obligatoriamente en Alemania.[417]

84. Ahora bien, la empresa de economía mixta tiene la enorme importancia de haber sido el medio inicial de intervención del Estado en la economía, pues sus orígenes se encuentran en los tímidos ensayos realizados en diversos países para hacer compatible el dogma económico de *LAISSEZ FAIRE* con la necesidad del estímulo estatal a ciertas obras y empresas de interés público.[418] Por ello, en países como Inglaterra [419] y la mayoría de los países socialistas, salvo Hungría,[420] donde la ola de nacionalizaciones permitió una sólida intervención estatal en la economía con figuras jurídicas como las *PUBLIC CORPORATIONS* y las empresas del Estado, las empresas mixtas no son frecuentes. Al contrario, en países como Luxemburgo, donde no existen instituciones públicas económicas, la única forma utilizada por el Estado para realizar actividades industriales y comerciales es la empresa de economía mixta.[421]

85. Para estas empresas de economía mixta, en general, rigen los mismos principios que para las sociedades mercantiles unipersonales, por lo que se encuentran sometidas en su totalidad a las regulaciones del Derecho Civil, Mercantil y Laboral, con la posibilidad, asimismo, respecto de ellas, de aplicarles algunas de las derogaciones del régimen originario analizadas. En este sentido, es de destacar que M. A. Flamme, aun respecto a las empresas de economía mixta, contraria-

---

414 *Cfr.* THEO KELLER, "La Economía propia de las Comunidades Públicas", *loc. cit.,* pág. 163.

415 *Vid.* J. L. VILLAR PALASI, "La Actividad Industrial del Estado en el Derecho Administrativo", *loc. cit.,* pág. 97.

416 *Cfr.* M. A. FLAMME, "Le Régime des Activités...", *loc. cit.,* pág. 400. THEOFILO DE A2ERED0 SANTOS, As Sociedades de Economía mista no Direito Brasileiro, Río de Janeiro, 1964, pág. 46.

417 *Vid.* KLAUS VOGEL, *Die Wirstchaftliche...*, *cit.,* pág. 5.

418 *Cfr.* F. GARRIDO FALLA, "Las Empresas Públicas", *loc. cit.,* pág. 141.

419 *Vid.* W. A. ROBSON, "La Empresa Pública en Gran Bretaña", *loc. cit.,* pág. 74.

420 *Vid.* K. KATZAROV, *op. cit.,* págs. 341 y 342.

421 *Vid. Informe de la Chambre des Comptes de Luxemburgo, al IV CIEF, loc. cit.,* Vol. IV, pág. 217.

mente a la sostenido por Theofilo de Azeredo Santos, encuentra inconcebible la aplicación a ellas del procedimiento de quiebra, dada la existencia de un interés público de por medio que exige necesariamente el concurso del Estado para evitar la cesación de pagos por parte de aquéllas, con lo que está conforme, por otra parte Ta legislación argentina.[422]

---

422 *Vid.* M. A. FLAMME, Le Régime des Activités..., cit. (multigrafiada), pág. 59; THEO-FILO DE AZEREDO SANTOS, *As Sociedades de Economía Mista..., cit.,* pág. 64 y 65; HÉCTOR CAMARA, *Sociedades de Economía Mixta, cit.,* pág. 148.

TERCERA PARTE

EL CONTROL SOBRE LAS EMPRESAS PÚBLICAS

> *"L'élaboration d'un système de contrôle sur l'administration,*
> *que donnera toutes garanties, est aussi difficile qu'elle est nécessaire;*
> *cela tient, en partie, à la varieté des intérêts à sauvagarder en partie*
> *à la diversité et à la multiplicité des actes administratifs à contrôler".*
> Frank J. Goodnow, Les Principes du Droit Administratif des
> Etats-Unis, Paris, 1907, pág. 416.

I. INTRODUCCIÓN

86. Flaminio Franchini, al hablar de la intervención del Estado en la organización económica italiana señala, con razón, que los problemas que se plantean, con una claridad y una urgencia cada vez mayores en relación a las empresas públicas, son numerosos y pueden abarcar diferentes aspectos, según que ellos se refieran, a la propia razón de ser de ciertas empresas, que en realidad son supervivencias históricas de necesidades económicas o políticas algunas veces ya caducas; al problema de la oportunidad misma del intervencionismo del Estado; a la necesidad de establecer nexos orgánicos entre los principios jurídicos y económicos que rigen empresas que forman parte de la misma rama de la actividad económica o de ramas diferentes pero ligadas entre sí; y, sobre todo, a la reorganización de los controles; y concluye que es precisamente este último problema, el que, desde el punto de vista jurídico, aparece como el más delicado, y cuya solución es la más urgente.[423]

En efecto, y ello puede verse como una tendencia del Derecho Comparado, la intervención del Estado en la vida económica por la asunción de actividades comerciales e industriales ha dado origen, como lo hemos visto, a la creación y constitución de diversas formas jurídicas de actuación, que van desde la llamada *RÉGIE INDUSTRIELLE* francesa y la *RÉGIE D ETAT* belga hasta la sociedad mercantil de capital mixto, según el grado de descentralización. Ahora bien, esta mayor o menor descentralización, sobre todo mediante la constitución de formas jurídicas autónomas,

---

423   *Vid.* FLAMINIO FRANCHINI, "Aspects Juridiques de l'Intervention de l'Etat dans l'Organisation Economique Italienne", *loc. cit.*, pág. 233.

105

ha dado origen en los distintos derechos positivos, a la previsión de una serie de mecanismos de control ejercido por el Estado o la comunidad sobre esos distintos entes. Se trata, en efecto, de controles diferentes que algunas veces se entrecruzan y se enredan llegando a producir, en algunos casos, serias dudas en cuanto a la extensión y a los límites de la competencia de los órganos que los desarrollan. Generalmente, a los controles normales efectuados por los Ministerios técnicos que ejercen sobre las empresas públicas la vigilancia y la tutela, se unen, en efecto, controles especiales, interiores y exteriores, los cuales se aplican particularmente a las empresas subvencionadas por el Estado. Por otra parte, al lado de estos controles, se encuentra un tipo de control muy particular, y es aquel que ejerce el Parlamento. Este se funda sobre el principio según el cual, tratándose de fondos del Estado, este último tiene el derecho de saber, en el momento del examen y discusión de su propio presupuesto, cómo son administrados los fondos en cuestión.[424] Además, en aquellos países donde el control financiero se ejerce, no sólo por el Parlamento, sino también por entidades fiscalizadoras superiores de control, la intervención de éstas es cada vez más acentuada en la disposición de fondos públicos para la realización de actividades comerciales e industriales por el Estado. Estos tres aspectos: control administrativo, control por el Parlamento y control por las entidades fiscalizadoras superiores de control fiscal, marcan, en líneas generales, los aspectos del con trol público sobre dichas actividades, que analizaremos en los párrafos sucesivos en forma comparativa. A ellos hay que agregar, además, sobre todo en aquellos países donde la intervención del Estado en la economía tuvo su origen en los fenómenos de la nacionalización o socialización, los diversos mecanismos de control puestos a disposición de los consumidores y de los obreros o productores, que también serán objeto de nuestro estudio comparativo.

Debemos señalar previamente, sin embargo, que hablaremos de estos mecanismos de control en su sentido más amplio, por lo que muchos de esos mecanismos, sobre todo en lo que se refiere al control administrativo, conllevan implícitamente, no sólo labores de control en sentido estricto, sino también labores de coordinación, planificación y aun de dirección.[425]

En todo caso, es necesario convenir con R. Drago que, como veremos, son tan numerosos los sistemas de control sobre las empresas públicas que nos muestra el Derecho Comparado, que si ellos intervinieran todos realmente, las paralizarían y les quitarían toda la flexibilidad comercial que debe ser su regla esencial de funcionamiento.[426]

---

424 *Cfr.* F. FRANCHINI, "Aspects Juridiques de l'Intervention de l'Etat dans l'Organisation Economique Italienne", *loc. cit.*, pág. 233.

425 *Cfr.* GEORGES LESCUYER, *Le Controle de l'Etat sur les Entreprises Nationalisées*, Paris, 1962 pág. 36.

426 *Vid.* R. DRAGO, "Le Régime des Activités...", *loc. cit.*, pág. 458. *Cfr.* M. A. FLAMME, "La Empresa Pública...", *loc. cit.*, pág. 123; A. H. HANSON, «L'Organisation des Entreprises...», *loc. cit.*, pág. 111. En general sobre el control de las Empresas Públicas

II.   EL CONTROL ADMINISTRATIVO

> *"Il a été dit que le nom de curatelle serait mieus appropié que celui de tutelle, car le nom de tutelle éveille, dans notre droit, l'idee d'un incapable qui n'agil pas du tout par lui-même, pour le compte duquel agil un tuteur, ce qui, visiblement, est inexact quand il s'agit des personnes administratives. Ces personnes agissent par elles-mêmes au moyen d'organes qui leur son propres; seulement il leur faut, pour certaines actes, l'autorisation d'un curateur. Malgré tout, le noir tutelle étant consacré par l'usage, il est préférable di le conserver».* M. HAURIOU, Précis de Droit Administratif, Paris, 1893, pág. 437.

1.   Introducción

87. El primero y quizás más importante de los controles sobre las empresas públicas, es el control que ejercen sobre ellas los órganos de la administración de quien en definitiva aquéllas dependen. Por su misma naturaleza, este control es, en ciertos casos, tan amplio e intenso, que se hace difícil distinguirlo netamente de la actividad de gestión o dirección o de la influencia que, en estos aspectos, el órgano administrativo respectivo ejerce sobre las empresas del Estado.

En líneas generales, este control, realizado por la propia administración o por los órganos a los cuales están adscritas las empresas económicas estatales, reviste dos modalidades fundamentales que es necesario estudiar separadamente. En primer lugar, dicho control puede ser ejercido directamente por la administración a través del Ministro respectivo, como control jerárquico o de tutela, o a través de órganos administrativos de coordinación o planificación de las actividades estatales. En segundo lugar, dicho control puede ser ejercido por la administración en forma indirecta, a través de entes dotados de personalidad que actúan como trusts o holdings de determinadas empresas económicas. De ahí que estudiaremos no sólo un control administrativo directo, sino también un control administrativo indirecto.

2.   El control administrativo directo

A)   Introducción

88. La forma e intensidad del control administrativo directo sobre las empresas públicas depende de la forma jurídica concreta que se haya atribuido a las mismas.[427] Puede tratarse de un control jerárquico, de un control de tutela o de un control a través de órganos administrativos de coordinación y planificación, según el menor o mayor grado de autonomía de que gocen las empresas públicas.

Vid. Associazione Italiana di Science Politiche e Sociali, *II Controllo del l'Impresa Pubblica*, Milán, 1960.

427   *Cfr.* WOLFGANG ZETZCHKE, "Las Empresas Públicas en la República Federal Alemana", *loc. cit.*, pág. 95.

En efecto, el control jerárquico va íntimamente unido al poder jerárquico que ejerce un jefe respecto a sus subordinados, y así, el Ministro ejerce un poder jerárquico sobre el conjunto de los agentes de sus servicios. En esta forma, el poder jerárquico es un poder incondicionado: siempre que no prescriba o cometa ilegalidades, el superior tiene el derecho de dar a sus subordinados las órdenes que él juzgue buenas; además, él tiene siempre, salvo texto expreso en contrario, el poder de reformar o de anular las decisiones de sus subordinados.[428] Al contrario, el poder de tutela, que implica el control respectivo, no pone en relación un superior y sus inferiores, sino un contralor (la autoridad de tutela) y unos controlados (los órganos de la persona pública bajo tutela). De ahí que sea un poder condicionado: el control no se presume, ya que no se ejerce sino en los casos y bajo las formas previstas por la ley. Además, señala Vedel, no comporta la posibilidad de dar órdenes: en efecto, los órganos de la persona pública bajo tutela tienen la responsabilidad de los intereses de la misma, y no están sujetas, en Derecho, sino a las leyes y reglamentos; la autoridad de tutela puede hacer respetar estar normas, pero ella no puede agregarles sus propias prescripciones complementarias.[429] Por ello, Maspetiol y Larocque han definido la tutela administrativa como el conjunto de poderes limitados concedidos por la ley a una autoridad superior sobre los agentes descentralizados y sobre sus actos, con el fin de proteger el interés general.[430]

En resumen, puede decirse con el Decano Vedel que, en general el poder y el control jerárquico se desenvuelve en el seno de una persona moral única y pone en movimiento relaciones de jefe a subordinados. El poder y el control de tutela, al contrario, pone en relación al Estado con otras personas públicas originando relaciones entre el Estado, guardián del interés general en sentido amplio, y como tal, contralor, con personas públicas con intereses propios, y como tales controladas.[431] Por ello, G. Langrod ha señalado como una de las razones de creación de las empresas públicas personificadas, la necesidad de evadir el control jerárquico.[432]

Pero además del control jerárquico y del control de tutela, sobre los entes estatales o paraestatales que desarrollan actividades industriales y comerciales, puede ejercerse por el Estado un tercer tipo de control administrativo, que es el que se ejerce a través de órganos de coordinación o de planificación, creados especialmente por el Estado para ejercer esas labores en el campo de las participaciones estatales en la economía, y que no puede ser incluido dentro de los dos tipos antes analizados, como es el que ejerce, por ejemplo, en Italia, el *MINISTERO DELLE PARTICIPAZIONI STATALI* o en los países socialistas los órganos centrales de planificación.

---

428 *Vid.* GEORGES VEDEL, *Droit Administratif, cit.*, Tomo II, pág. 419.

429 *Vid.* G. VEDEL, *op. cit.*, Tomo II, pág. 419.

430 *Vid.* MASPETIOL ET LAROCQUE, *La Tutelle Administrative*, París 1930, pág. 10, cit. por M. BAENA DE ALCAZAR, "Los Entes Funcionalmente Descentralizados y su relación con la Administración Central" *RAP*, N° 44, 1964, pág. 100.

431 *Vid.* G. VEDEL, *op. cit.*, Tomo II, pág. 419

432 *Vid.* G. LANGROD, "L'Entreprise Publique en Droit Administratif Comparé", *loc. cit.*, pág. 228.

Veamos separadamente estos tres tipos de controles administrativos ejercidos por el Estado sobre el desarrollo de sus actividades industriales y comerciales.

B)   El control jerárquico

89. La administración ejerce un control jerárquico en las actividades industriales y comerciales siempre que las mismas sean desarrolladas por ella directamente.[433] En estos supuestos, los directores de esas empresas son funcionarios fuertemente vinculados a la administración pública y, por tanto, obligados a acatar las disposiciones de sus órganos o instancias superiores. El control sobre la realización de dichas actividades entonces, generalmente, está ligado a la injerencia directa en la gestión y dirección de la empresa.

Además, en ciertos casos en que se da alguna autonomía a los órganos administrativos directores de la empresa, aunque sin que se dé el supuesto del otorgamiento de personalidad a la misma, el control jerárquico se refleja a través del derecho de veto que corresponde al Ministro respectivo en las decisiones de los órganos directivos. Así, en Alemania, por ejemplo, el Ministro de Correos tiene un derecho de veto absoluto con respecto a las decisiones del Consejo de Administración del *DEUTSCHE BUNDESPOST* que puedan tener repercusiones financieras; además, puede presentar ante el Gobierno Federal, para la decisión última por parte de éste, los acuerdos que, a su juicio, lesionen los intereses del *BUND*[434].

Por otra parte, puede asimismo hablarse de un control jerárquico respecto al ejercido por la administración belga sobre las RÉGIES D'ETAT, que aunque dotadas de personalidad jurídica, están desprovistas de toda autonomía orgánica y, por tanto, se encuentran sometidas a la autoridad jerárquica del Ministro respectivo.[435] En efecto, en este caso, el otorgamiento de la personalidad jurídica al servicio no hace que el mismo pierda su carácter de administración centralizada, pues el objetivo perseguido con ello es, esencialmente, permitir a ciertas empresas estatales de carácter industrial o comercial, de escapar a las reglas de gestión financiera y contable tradicionalmente en vigor en los organismos del Estado. Por ello, las administraciones así personalizadas continúan bajo la autoridad jerárquica directa del Ministro.

C)   El control de tutela

90. El control de tutela en las actividades industriales y comerciales del Estado surge desde el momento en que existe una descentralización funcional en la administración; y se habla de descentralización funcional cuando ésta se realiza a través

---

433   *Vid.* Nos. 14 y sig.

434   *Vid.* WOLFGANG ZETZSCHKE, "Las Empresas Públicas en la República Federal Alemana", *loc. cit.,* pág. 96.

435   *Cfr.* M. A. FLAMME, "Le Régime des Activités...", *loc. cit.,* págs. 391 y 397; M. A. FLAMME, «La Empresa Pública...», *loc. cit.,* pág. 28.

de órganos que se desgajan de la administración directa del Estado, mediante el procedimiento técnico-jurídico de la concesión de la personalidad jurídica a entidades institucionales.[436]

En esta forma, la tutela administrativa sobre los entes descentralizados que desarrollan actividades económicas tiene por finalidad fundamental garantizar la unidad y la buena ejecución de la política general del Estado en materia económica, pues permite a la administración central vigilar directamente, aunque no como superior jerárquico, la actuación de los órganos que integran la administración indirecta del Estado.

Ahora bien, entre los poderes de la autoridad de tutela, que generalmente es el Ministro respectivo,[437] deben distinguirse los poderes de tutela sobre las personas de los poderes de tutela sobre los actos.

91. La regla general en la tutela sobre las personas es que los directores y miembros de los Consejos de Administración de los órganos funcionalmente descentralizados, se designan por la administración central. Esto sucede en los países donde el establecimiento público industrial o comercial es la norma en la descentralización funcional, como sucede en Francia, Alemania, Bélgica[438] y Venezuela,[439] así como en aquellos países donde la regla la constituyen las *PUBLIC CORPORATIONS*[440] o las empresas públicas del tipo de los países socialistas.[441] La revocación de las designaciones corresponde también, en general, a la administración central, aunque en algunos supuestos la iniciativa puede partir, como en Polonia, de los órganos de autogestión obrera.[442]

92. En cuanto a la tutela sobre la gestión, los Ministros disponen generalmente, en relación a los organismos descentralizados que realizan actividades industriales y comerciales, de ciertos poderes de control *A PRIORI O A POSTERIORI*, según que tengan lugar antes o después de haberse tomado la decisión concreta. En esta forma, el control *A POSTERIORI* juzga actos ya consumados, implicando, por tanto, que la gestión y el control son dos actos netamente separados. Al contrario, en el control *A PRIORI*, tal como lo indica J. Rivero, entre los órganos de gestión y los de control hay

---

436   *Vid.* F. GARRIDO FALLA, Administración Indirecta del Estado y Descentralización Funcional, Madrid, 1950, pág. 121 y sig.

437   *Vid.* A. G. DELION, Le Statut..., *cit.*, págs. 62 y sig.

438   *Vid.* ROLAND DRAGO, "Le Régime des Activités...", *loc. cit.*, pág. 453; M. A. FLAMME, «La Empresa Pública. . .», *loc. cit.*, pág. 68; M. A. FLAMME, «Le Régime des Activités. . .», *loc. cit.*, pág. 453.

439   *Vid.* ELOY LARES MARTÍNEZ, *Manual de Derecho Administrativo*, *cit.*, pág. 445.

440   *Vid.* W. A. ROBSON, "La Public Corporation en Gran Bretaña", *loc. cit.*, pág. 125; J. E. HODGETTS, «La Empresa Pública en Canadá», *ICE*, marzo de 1964, pág. 131.

441   *Vid.* en relación a Bulgaria, Checoslovaquia, Hungría y Polonia, K. KAT- ZAROV, *op. cit.*, págs. 319, 320 y 323; ZYGMUNT RYBICKI, «Le Régime des Activités...», *loc. cit.*, págs. 267 y 272; V. KNAPP, «Quelques Remarques. . .», *loc. cit.*, pág. 741.

442   *Vid.* ZYGMUNT RYBICKI, "Le Régime des Activités...", *loc. cit.*, pág. 268.

un diálogo permanente: la voluntad del primero no puede producir efectos sino con el encuentro de la voluntad del segundo; por lo que en realidad lo que hay en este caso es una *VERITABLE COGESTION*.[443] Veamos en todo caso estos dos tipos de control.

El control A PRIORI puede revestir formas diversas. En primer lugar, puede consistir en la posibilidad, para los órganos de tutela ministerial, de precisar en relación a las empresas públicas, las directivas u orientación general de la actuación de las mismas, tal como sucede en Inglaterra [444] e Italia, y que no se refieren a actos concretos de dichas empresas. En esta forma, en Italia, por ejemplo, el artículo 1º de la ley de 1948 precisa, concretamente en relación al Instituto para la Reconstrucción Industrial (IRI), que corresponde al Consejo de Ministros decidir, en vista del interés de la colectividad, la orientación general del Instituto tanto en materia política como económica. [445] En esta misma forma, por ejemplo, el *AIR CORPORATION ACT* de 1949 prevé que el Ministro de Transporte y Aviación Civil, previa consulta con la afectada, puede dar a cualquiera de las *CORPORATIONS* aeronáuticas "instrucciones de carácter general sobre el ejercicio y realización de aquellas de sus funciones relacionadas con materias que, a juicio del Ministro, sean de interés nacional". La *CORPORATION* interesada deberá seguir dichas instrucciones, siendo esta fórmula del poder ministerial el modelo standard en la legislación inglesa.[446]

Por otra parte, muy difundido como medio de tutela sobre los actos o sobre la gestión de las empresas, se encuentra el mecanismo de las aprobaciones previas en relación a ciertos actos o decisiones de las empresas públicas. En Francia, por ejemplo, la lista de las decisiones sometidas a aprobación se especifica en los textos propios de cada empresa, pero hay un mínimo en virtud de los decretos de 26 de agosto de 1957 y de 22 de junio de 1960 y del artículo 163 de la Ordenanza del 30 de diciembre de 1958: los presupuestos y estados de previsiones de explotación y equipo; los balances, las cuentas de resultados, las afectaciones de beneficios, los finiquitos de los administradores; las extensiones de participaciones financieras; el montante de las remuneraciones de los administradores, presidentes y directores generales; las medidas relativas a los elementos de remuneración del personal, así como a su *STATUS* y a su régimen de retiro.[447] Situaciones similares existen en la

---

443   *Vid.* JEAN RIVERO, "Le Fonctionnement des Entreprises Nationalisées", *Droit Social*, noviembre de 1955, pág. 66, cit. por G. LESCUYER, *Le Controle de l'Etat sur les Entreprises Nationalisées, cit.*, pág. 180; P. BOU- CHET, «Las Empresas Públicas en Francia», *ICE*, marzo, 1964, pág. 87.

444   *Cfr.* G. LESCUYER, Le Controle de l'Etat..., *cit.*, pág. 65; A. H. HANSON, «L'Organisation des Entreprises...», *loc. cit.*, pág. 112; A. DELION, L'Etat et les Entreprises Publiques, *cit.*, pág. 160. En cuanto al dictado de «normas generales» en Argentina *Vid.* AGUSTIN A. GORDILLO, Empresa del Estado, *cit.*, pág. 153.

445   *Vid.* F. FRANCHINI, "Aspects Juridiques de l'Intervention de l'Etat...", *loc. cit.*, pág. 240.

446   *Vid.* W. A. ROBSON, "La Public Corporation en Gran Bretaña", loc *cit.*, págs. 116 y 117. *Cfr.* W. A. ROBSON, "La Empresa Pública en Gran Bretaña", *loc. cit.*, pág. 75.

447   *Vid.* ANDRÉ G. DELION, *Informe Francés al IV CIEF, loc. cit.*, Vol. IV, pág. 159.

mayoría de los países que siguen el esquema francés del establecimiento público, tal como sucede en Bélgica [448] y Venezuela.[449]

Por otra parte, en muchas ocasiones, los Ministros de tutela aseguran sus poderes de control mediante la designación de representantes en el seno de las empresas, denominados Comisarios de Gobierno, como sucede en Francia y Bélgica.[450] Estos tienen el derecho de asistir a las sesiones de los Consejos de Administración y de usar el derecho de veto en relación a ciertas decisiones, recurriendo al Ministro respectivo para que decida, quedando entre tanto, suspendida la decisión.[451]

En el Derecho inglés, aun cuando, como hemos dicho, la norma general del control ministerial sobre las *PUBLIC CORPORATIONS* sea el de la fijación por el Ministro de "directivas de carácter general en cuanto al ejercicio y desempeño, por la sociedad, de sus funciones en relación con asuntos que le parezcan que afectan al interés nacional," aquél también goza de ciertos poderes de aprobación. En efecto, se requiere su aprobación para todo programa de reorganización o desarrollo de la empresa, que implique un gasto importante de capital. Una obligación similar de obtención de la aprobación ministerial se aplica a los planes de adiestramiento, educación e investigación que las empresas nacionalizadas han de formular y ejecutar.[452] Por otra parte, es necesario observar que ha sido precisamente esta interferencia del Ministro en las empresas nacionalizadas, lo que ha permitido un control indirecto del Parlamento en aquéllas, pues el Ministro tiene responsabilidad ante éste, pudiendo ser interpelado, sólo en las materias en las que tenga fiscalización. [453] También en materia presupuestaria en las *GOVERNMENT CORPORATIONS* norteamericanas se observan los poderes de tutela del Gobierno en la aprobación previa del presupuesto de las mismas por el Presidente a través de la *BUDGET BUREAU*, para luego ser sometida al Congreso.[454]

Por último, debe indicarse que el control de tutela llevado a cabo mediante aprobaciones, surge también en ciertos casos, respecto a las empresas públicas constituidas bajo la forma de Derecho Privado. En Grecia, por ejemplo, éstas se encuentran bajó la supervisión y control de un Ministro. Aunque los estatutos no incluyen disposiciones específicas en cuanto a la medida en que el Ministro ha de intervenir,

---

448   *Vid.* M. A. FLAMME, "Le Régime des Activités...", *loc. cit.,* págs. 442 y 426.

449   *Vid.* AGUSTÍN A. GORDILLO, Empresas del Estado, *cit.,* pág. 160; ELOY LARES MARTINEZ, *Manual de Derecho Administrativo, cit.,* pág. 443.

450   *Vid.* R. DRAGO. "Le Régime des Activités...", *loc. cit.,* pág. 458; M. A. FLAMME, «Le Régime des Activités...», *loc. cit.,* págs. 424, 426 y 428; *Informe de Ja Cour des Comptes belga al IV CIEF, loc. cit.,* Vol. IV, Pág. 39.

451   *Cfr.* P. BAUCHET, "Las Empresas Públicas en Francia", *loc. cit.,* pág. 88; R. DRAGO, «Le Régime des Activités...», *loc. cit.,* pág. 458; M. A. FLAMME, «Le Régime des Activités...», *loc. cit.,* pág. 422, nota No. 166.

452   *Vid.* W. A. ROBSON, "La Empresa Pública en Gran Bretaña", *loc. cit.,* pág. 75. *Cfr.* L. LÓPEZ RODÓ, "Las Empresas Nacionalizadas en Inglaterra", *loc. cit.,* pág. 399.

453   *Cfr.* W. A. ROBSON, *Industria Nacionalizada..., cit.,* pág. 65.

454   *Vid.* J. N. HAZARD, *Law Regulating... cit.,* pág. 5.

sin embargo, en la práctica, el control del mismo es muy estricto y detallado, careciendo en general las empresas de la flexibilidad industrial que deberían tener. Así, por ejemplo, la hacienda de las empresas públicas griegas está estrechamente controlada: el presupuesto de cada una de ellas debe ser sometido al Ministro supervisor para su aprobación, mientras que todos los asuntos económicos y financieros están sujetos al control continuo del Gobierno.[455]

En Bélgica, al contrario, si bien se exige que el presupuesto de las empresas con formas jurídicas privadas se remita al Ministro de tutela, aquél no está sujeto a la aprobación de éste.[456]

93. Pero hemos visto, los poderes de tutela sobre los actos también pueden ser desarrollados por la administración central sobre los organismos funcionalmente descentralizados, con posterioridad a la realización de los actos controlados, configurándose entonces una intervención a posteriori. En esta forma, en Venezuela por ejemplo, los establecimientos públicos industriales y comerciales deben presentar al Ministro de tutela un informe de la actividad de la empresa, así como el Balance General de la misma, para que sean o no aprobados por el mismo.[457] En Italia, asimismo, el órgano administrativo de control debe proceder a examinar los balances de las empresas sometidas a tutela.[458]

En el Derecho Comparado se observa además con alguna frecuencia, la tendencia de realizar este control ejecutivo posterior de la gestión de las empresas públicas, y que es completamente distinto del control *A POSTERIORI* desarrollado por Instituciones Superiores de Control Fiscal, mediante expertos contables cuyo modelo surge de las estructuras del Derecho Privado. Por ejemplo, en Bélgica, las empresas públicas están sometidas al control contable *A POSTERIORI* de *REVISEURS COMPTABLES*, que son designados por el Ministro de Finanzas y por el Ministro interesado. Su función es la de verificar las cuentas y certificar su sinceridad, y para ello, están dotados de poderes de control IN SITU sobre todos los documentos contables, la correspondencia, y, en general, sobre todas las escrituras. Por otra parte, ellas deben enviar a los dos Ministros que les han nombrado y a los órganos directores del establecimiento controlado, un informe sobre la situación del mismo y sobre los resultados de la explotación. Este informe es realizado una vez por año en ocasión de la elaboración de la cuenta de ganancias y pérdidas y del balance. En él debe señalarse, además, toda negligencia, toda irregularidad, y toda situación susceptible de comprometer la solvencia del organismo.[459] Una situación similar se presenta

---

455   *Vid.* PELLA LENOUDIA", "La Empresa Pública en Grecia", *loc. cit.*, pág. 153

456   *Vid.* M. A. FLAMME, "Le Régime des Activités...", *loc. cit.*, pág. 424.

457   *Vid.* T. POLANCO, "La Administración Pública", *loc. cit.*, pág. 338.

458   *Vid.* F. FRANCHINI, "Aspects Juridiques de l'Intervention...", *loc. cit.*, pág. 253

459   *Vid.* M. A. FLAMME, "Le Régime des Activités...", *loc. cit.*, pág. 422; G. LESCUYER, *le Contrôle de l'Etat...*, cit., pág. 90. En relación a los Países Bajos, *Vid.* M. A. FLAMME, "La Empresa Pública...", *loc. cit.*, pág. 36.

en Finlandia, donde las cuentas son examinadas por expertos contables especiales nombrados por el Consejo de Ministros, además del examen que verifica la Inspección de Finanzas y el Parlamento.[460]

En esta misma forma, en Suecia, la intervención de cuentas se efectúa, en general, por contadores privados. Por tratarse de empresas públicas con forma societaria las comúnmente utilizadas por el Estado para realizar sus actividades económicas, estos contadores son elegidos por los accionistas; sin embargo, en muchos casos, el Gobierno se ha reservado el derecho de nombrar la mayoría de los mismos de quien reciben órdenes, aunque no por ello dejan de seguir siendo funcionarios de la empresa y no del Estado.[461]

Por último, en Gran Bretaña, la verificación A POSTERIORI señalada es realizada por firmas independientes de expertos contables. Estos expertos son designados por el Ministro respectivo, a quien deben dirigir un informe, que éste debe enviar a la Cámara de los Comunes.[462]

D)   El control ejercido a través de órganos administrativos de planificación y coordinación

94. Es una realidad incontestable el hecho de que en la gran mayoría de países occidentales contemporáneos, el régimen clásico de economía tipo liberal, ha desaparecido desde hace algún tiempo. El Estado, ante los cambios económicos internacionales, ante la necesidad de desarrollar las regiones retardadas, o ante ciertos conflictos sociales, se ha visto obligado a intervenir en el campo económico. Actualmente, por otra parte, no se trata de una simple intervención esporádica, sino que ha sido necesario recurrir cada vez con más frecuencia a todo un sistema de intervencionismo de Estado en materia económica que implica, por supuesto, la necesidad de trazar un programa para los medios de esas intervenciones.[463] De ahí la existencia de ciertos planes o programas de acción estatal que tienen más que todo fines de coordinación.

Pero es evidente, ya lo hemos señalado, hay una diferencia esencial entre el establecimiento de programas de acción como resultado de una política intervencionista o como consecuencia de la existencia de un régimen de economía planificada; diferencia que surge, no sólo del carácter y volumen de la propiedad de los medios de producción concentrada en manos del Estado, sino también de su carácter integral y complejo.

---

460   *Vid.* TORE MODEEN, Le Régime des Activités..., *cit.*, pág. 11.

461   *Vid.* HAKAN STRÜMBERG, "La Empresa Pública en Suecia", *loc. cit.*, pág. 148.

462   Vid G LESCUYER, *Le Contrôle de l'Etat...*, cit, pág. 90. *Cfr.* A. H. HANSON, "L'Organisation des Entreprises d'Etat...", *loc. cit.*, pág. 115.

463   *Cfr.* Z. RYBICKI, "L'Entreprise Publique dans le système Polonais de l'Economie Planifiée", *loc. cit.*, pág. 313.

En efecto, el intervencionismo es considerado siempre como un medio auxiliar y complementario en la gestión económica, donde la influencia de los derechos del mercado juega el papel preponderante. Al contrario, el sistema de economía planificada, donde la propiedad social de los medios de producción es total, ofrece posibilidades de dirección y de gestión económica más reales y completas.[464]

Por otra parte, hemos dicho, la planificación en un régimen de economía planificada es integral y compleja. El carácter integral resulta de la posibilidad de considerar la economía nacional en su conjunto, independientemente de los tipos y de las formas de la propiedad, incluyéndose, dentro de la planificación integral, la totalidad de los particulares y de sus actividades, como único medio de alcanzar los fines sociales perseguidos por el Estado socialista.[465] En esta forma, el Estado gestiona directamente las unidades de la economía nacional que abarcan aquellos dominios cuya importancia es decisiva desde el punto de vista económico y social. El Estado ejerce en esta forma, una influencia indirecta sobre todos los otros organismos económicos, utilizando sus poderes y sus medios de acción organizativa en todas sus formas. Por otra parte, el carácter complejo de la dirección planificada de las actividades del Estado consiste, en que ella abarca todos los dominios de la actividad social. Como consecuencia, están sometidas a la planificación no solamente las actividades económicas, sino también los medios financieros y reales que sirven al desarrollo de las instituciones culturales, sociales y de instrucción pública.[466]

Ahora bien, tanto en un sistema de economía dirigida, como en los sistemas de economía capitalista donde son utilizados medios de programación, el Estado interviene en la dirección y control de sus actividades industriales y comerciales, a través de los órganos administrativos encargados de poner en funcionamiento el plan respectivo o de llevar a cabo la coordinación requerida. Se trata, en efecto, de un control administrativo directo, ejercido por la propia administración, es decir, por órganos estatales.[467]

En efecto, generalmente, la ejecución del plan estatal o de los respectivos programas corresponde en última a instancia al Gobierno, es decir, al Consejo de Ministros respectivo. Sin embargo, si se toma en consideración la importancia extraordinaria atribuida generalmente en nuestros días al plan económico estatal, sobre todo en aquellos países cuyo sistema está más apartado del liberalismo clásico, resulta natural y común el hecho de que se encargue a un organismo administrativo especial la elaboración, la utilización y el control de la ejecución de dicho plan, aun cuando dicho organismo está generalmente asociado, en forma directa al Consejo

---

464   Cfr. Z. RYBICKI, "L'Entreprise Publique dans...", *loc. cit.*, pág. 313; K. KATZAROV, *op. cit.*, pág. 415.

465   *Vid.* K. KATZAROV, *op. cit.*, pág. 416.

466   *Vid.* Z. RYBICKI, "Le Régime des Activités...", *loc. cit.*, págs. 263 y 264.

467   Cfr. K. KATZAROV, *op. cit.*, págs. 336 y 381; V. KNAPP, «Quelques Remarques. . .», *loc. cit.*, págs. 744 y sig.

115

de Ministros. Estamos en presencia de las comúnmente llamadas Comisión o Consejo del Plan o de la Planificación Estatal.[468]

95. En esta forma, la Comisión Central del plan Estatal de la U.R.S.S. (GOS-PLAN) es el organismo administrativo a través del cual el Consejo de Ministros dirige la planificación en escala nacional, [469] y está encargado de la coordinación de las actividades de los consejos económicos de las Repúblicas, denominados SOVNAR-KHOZES, en la elaboración de los planes regionales. [470] Teóricamente, se trata de un organismo consultivo y de ejecución, sin poder particular. Sin embargo, en la práctica, su presidente, siendo vicepresidente del Consejo de Ministros y a este título miembro del Consejo Económico, el GOSPLAN es el verdadero cerebro-motor del sistema económico.[471]

Ahora bien, a partir de la reorganización de la administración de la industria y de la construcción, llevada a cabo en 1957, con la eliminación de los ministerios de industria y la transferencia de sus responsabilidades a los consejos económicos (SOVNARKHOZES), se dio a las Repúblicas de la Unión una participación mayor en el desarrollo económico. Los SOVNARKHOZES dependen del Consejo de Ministros de cada República, y sus recomendaciones y sugestiones son estudiadas por éste y los GOSPLANS de cada República. [472] Anteriormente, la Comisión Planificadora del Estado o Comisión Central del Plan Estatal, aparte de su específica función de trazar los planes económicos generales, y de velar por su ejecución, ejercía un control sobre la empresa individual en lo que se refería a la ejecución de dichos planes; [473] sin embargo, en la actualidad el GOSPLAN es más bien el centro científico de la planificación, habiendo perdido sus poderes de intervención en la dirección administrativa de las regiones económicas. En esta forma, ha cesado de ser el órgano supremo del control de las empresas, en la medida misma en que los SOVNARKHOZES han sido encargados de la elaboración de los planes. En este caso, esta descentralización de la gestión está contrabalanceada por una centralización del control propio de la planificación. Los servicios de la Oficina Central de Estadísticas de la U.R.S.S. están, por ello, en-

---

468   *Cfr.* K. KATZAROV, *op. cit.*, pág. 447; J. H. TITARELLI, «Órganos Centrales de Planificación», en *Revista del Instituto Superior de Ciencias Administrativas*, N' 10, Buenos Aires, 1962, págs. 7 y sig.

469   *Cfr.* A. DENISOV y M. KIRICHENKO, Derecho Constitucional Soviético, *cit.*, pág. 243; J. N. HAZARD, «Soviet Government Corporation», *loc. cit.*, pág. 853; CHARLES BETTELHEIM, *Problemas Teóricos y Prácticos de la Planificación*, Madrid, 1965, pág. 73.

470   *Cfr.* G. LESCUYER, *Le Contrôle de l'Etat...*, *cit.*, pág. 77.

471   *Cfr.* LORENZO RODRIGUEZ DURÁNTEZ, "La Planificación Francesa", *RAP*, № 38, 1962, pág. 397.

472   *Vid. Informe General para el XII Congreso Internacional de Ciencias Administrativas* (Viena, 16-20 de julio de 1962) sobre el tema "Organización Gubernamental para el Desarrollo Económico", traducido al español por la Comisión de Administración Pública, Caracas, 1964, pág. 61.

473   *Cfr.* R. FERNÁNDEZ-CARVAJAL, "Las Empresas Públicas en Rusia", *loc. cit.*, pág. 454.

cargados de agrupar y de analizar los resultados del trabajo de los *SOVNARKHOZES*, y a través de ellos, de las empresas.[474] Debe señalarse, por último, que en noviembre de 1962, los organismos centrales de planificación de la U.R.S.S. fueron reorganizados: se constituyó el *GOSPLAN* de la Unión sobre la base del antiguo *GOSECONOMSO-VIEL*, para la realización de las tareas de planificación a largo plazo, y se estableció un nuevo organismo de dirección económica, el Consejo Económico Nacional de la U.R.S.S. (*SOVIET NORODNOGO KHOZIAISTVA U.S.S.R.*), y algunas obligaciones relacionadas con la planificación anteriormente realizadas por el *GOSPLAN* de la Unión le fueron transferidas.[475]

En Polonia, la Comisión de Planificación, dependiente del Consejo de Ministros, constituye el órgano colegiado supremo encargado de elaborar y de someter al Consejo de Ministros las proposiciones en relación a las líneas generales de la política económica; de elaborar los proyectos de planes económicos llamados de perspectivas, los proyectos de planes a largo plazo y los planes anuales; de examinar la realización corriente de los planes y de someter al Consejo de Ministros las proposiciones en esta materia; y de elaborar los métodos y el modo de establecimiento de los pía- nes económicos. [476] En todo caso, el plan constituye la base de la actividad de las empresas del Estado, ya que determina el volumen de la producción (de los servicios o de las transacciones), la repartición de esas actividades, fija los cupos indispensables de materias primas, el empleo, las necesidades de inversión y de reparación, las necesidades de medios financieros, prevé los perfeccionamientos técnicos y de organización a realizar, etc.[477] Por ello, y dada la forma que en Polonia cobra la planificación económica, como uno de los métodos básicos de la administración de la economía, surgen también métodos de supervisión y control en este campo. El principal de ellos es el que ejerce la referida Comisión de Planificación adscrita al Consejo de Ministros y las Comisiones de Planificación adscritas a los Consejos Populares; ellas supervisan la ejecución de los planes en sus respectivas regiones y presentan recomendaciones sobre la materia a las autoridades de las cuales dependen.[478]

Por otra parte, en Hungría, el trabajo de los organismos subordinados es controlado jerárquicamente, por los órganos superiores, incluyendo el referente a la

---

474   *Cfr.* G. LESCUYER, *Le Contrôle de l'Etat...*, *cit.*, pág. 77.

475   *Cfr. Informe General para el XII Congreso Internacional de Ciencias Administrativas* (Viena, 16-20 de julio de 1962) sobre el tema: "Organización Gubernamental para el Desarrollo Económico", *cit.*, pág. 61; M. Z. BOR, «Organización y Prácticas de la Planificación Económica Nacional en la Unión Soviética», en ONU. *Planificación del Desarrollo Económico, Vol. II (Estudios de Experiencias de Planificación Nacional),* Parte 2 (Países con Economía de Planificación Centralizada), Nueva York, 1965, págs. 177 y sig.

476   *Cfr.* Z. RYBICKI, "Le Régime des Activités...", *loc. cit.*, pág. 280.

477   *Cfr.* Z. RYBICKI, "Le Régime des Activités...", *loc. cit.*, pág. 278.

478   *Cfr. Informe General al XII Congreso Internacional de Ciencias Administrativas* (Viena, 16-20 de julio de 1962) sobre el tema: "Organización Gubernamental para el Desarrollo Económico", *cit.*, pág. 78.

ejecución de planes, y la cuestión principal a determinar es si la empresa respectiva cumplió o no con las etapas previstas en el plan. En esta forma, hay órganos especiales que ejercen la supervisión sobre la ejecución de los planes, particularmente la Oficina Nacional de Planificación, que es responsable del control por el cumplimiento de las metas del plan nacional de economía.[479]

Por otra parte, y aun cuando no sigan el modelo de los regímenes de economía planificada, algunos países, como Francia, tienen establecido desde finales de la Segunda Guerra Mundial una planificación indirecta, en la cual no se ha establecido un sistema central donde toda la dirección de la economía esté confiada a los organismos públicos de planificación. Como consecuencia, la planificación francesa, al contrario de la que rige en los países de tipo socialista, no es imperativa sino indicativa, ya que sólo fija para el país metas económicas. Sin embargo, éstas son siempre obligatorias para el Gobierno, por lo menos, en cuanto se refiere a su propio campo económico.[480] Por tanto, en el campo de las actividades industriales y comerciales del Estado sí es imperativo.

En Francia, el Plan es elaborado originalmente por el Comisariado General del Plan y sometido por el Gobierno a la aprobación del Parlamento. En principio, el Plan es realizado por los Ministros correspondientes en relación a las actividades en él comprendidas, siendo, por tanto, el control administrativo de tipo financiero. Sin embargo, con vistas al establecimiento de un control general, el decreto de 16 de enero de 1947 encarga al Comisario del Plan la misión de vigilar la ejecución de este. Si el Comisario juzga que esta ejecución puede ser comprometida por cualquier razón, debe hacer conocer la dificultad a los Ministros competentes y debe llevarla eventualmente, delante del Primer Ministro o del Comité Económico Interministerial. El fruto de su trabajo de vigilancia es un informe anual de ejecución del Plan.[481]

96. En todo caso, en la mayoría de los países occidentales, la presencia del Estado en la vida económica, como productor de bienes y servicios, sin ser propietario de los principales medios de producción, ha producido la necesidad de establecer una coordinación entre las diversas empresas estatales. Esta coordinación se ha logrado, sea estableciéndose un control directo a través de un órgano administrativo de coordinación, sea creándose entes económicos separados de la personalidad del Estado, destinados a desarrollar esa labor. En el segundo caso, ello da origen a un control administrativo indirecto que analizaremos más adelante, por lo que en las

---

479   *Cfr. Informe General al XII Congreso Internacional de Ciencias Administrativas* (Viena, 16-20 de julio de 1962) sobre el tema "Organización Gubernamental para el Desarrollo Económico", *cit.,* pág. 98.

480   Idem, pág. 14. En España, asimismo, el Plan de Desarrollo no sólo es obligatorio para el Estado, Administraciones locales y organismos autónomos, sino también para las empresas nacionales: *Vid.* S. MARTÍN-RETORTILLO, "Organización Administrativa...", *loc. cit.,* pág. 10.

481   *Cfr.* LORENZO RODRÍGUEZ DURÁNTEZ, "La Planificación Francesa", *loc. cit.,* pág. 420.

líneas que siguen veremos los sistemas directos de coordinación que nos muestra el Derecho Comparado.

En Filipinas, por ejemplo, la supervisión administrativa de la mayor parte de las corporaciones que son propiedad o están controladas por el Estado, está alojada en un organismo central, llamado Oficina de Coordinación Económica, cuyo director, el Coordinador, tiene el rango de Ministro. En el ejercicio de su función el Coordinador puede promulgar líneas directivas de cierta importancia para las corporaciones, puede tomar decisiones en materia de orientación de la empresa que le han sido conferidas por cada una de las compañías, puede revisar los presupuestos y los informes de las corporaciones y puede decidir sobre la contratación del personal.[482] Un organismo similar existe en la República Arabe Unida, pero lo preside el Presidente de la República.[483]

En otros países, como Venezuela, donde existe una Oficina Central de Coordinación y Planificación, [484] estos organismos tienen más que todo carácter consultivo. Así sucede también en Finlandia.[485]

Ahora bien, dentro de los países occidentales que han llevado a cabo el desarrollo de organismos administrativos de coordinación, es necesario destacar a Italia. En efecto, en este país, hasta hace algunos años, la creación de órganos a través de los cuales se desarrollaban las participaciones estatales en la actividad económica había llevado la huella de un desarrollo inorgánico y fragmentario. En esta forma, la gestión de las empresas incumbía a diversos organismos y administraciones sin una coordinación política sistemática. Sin embargo, a partir del período de la reconstrucción posbélica, se fue madurando en el país la convicción de que era necesario proceder a una reordenación del sector público, no sólo para permitir un mayor control público sobre el mismo, sino también, y sobre todo, para efectuar una mayor coordinación de las participaciones estatales dentro del marco de la política del Gobierno. De ahí surgió la creación del *Ministero delle Participazioni Statali*[486] por ley de 22 de diciembre de 1956, a quien corresponde la responsabilidad política por la

---

482   *Vid.* Informe de la General Auditing Office de Filipinas al IV CIEF, loc *cit.*, Vol. 3, pág. 153. *Cfr.* A. H. HANSON, "L'Organisation des Entreprises...", *loc. cit.*, pág. 113.

483   *Vid.* MOHAMMEN TAWFIK YOUNES, Informe de la RAU al IV CIEF. *loc. cit.*, Vol. 4, pág. 17.

484   *Vid. Manual de Organización*, Comisión de Administración Pública, Caracas, 1963, págs. 48 y sig.

485   *Vid.* TORE MODEEN, Le Régime des Activités..., *cit.*, pág. 17. En cuanto al problema de la coordinación de las empresas públicas en México, *Vid.* "Coloquio sobre el Control y la Coordinación del Sector Público Descentralizado", en *Memoria del Seminario sobre Planeación Socioeconómica, Derecho Administrativo y Administración Pública*, México, Ciudad Universitaria, 1965, págs. 161 a 191.

486   *Vid.* F. FRANCHINI, "Aspects Juridiques de l'Intervention de l'Etat dans l'Organisation Economique Italienne", *loc. cit.*, pág. 231. *Cfr.* JACQUES DE LANVERSIN, "Le Ministère des Participations de l'Etat en Italie", *RDP*, 1962, N° 4, págs. 629 a 645.

conducta de todo el conjunto de las actividades que le incumben, no pudiéndose inmiscuir, sin embargo, en la gestión de las empresas. Su actividad está orientada, principalmente, hacia la elaboración de las directivas generales, referentes a las líneas de desarrollo de las actividades productivas controladas, y la predisposición de las medidas que resulten necesarias para una orientación más eficiente de determinados sectores,[487] quedando excluida en todo caso, de su ámbito de acción, las empresas propias o *EN RÉGIE*.[488] El Ministerio de las Participaciones Estatales, —entendiendo por éstas todos los establecimientos y empresas, tanto públicos como privados, a los cuales el Estado aporta su contribución, directa o indirectamente, por el aporte de capitales o de bienes—, [489] hemos dicho, no gestiona directamente las empresas, pues esta labor se encomienda por la ley a entes autónomos de gestión. Como consecuencia, se ha transferido a la autoridad del Ministerio en cuestión, todas las empresas y las participaciones que estaban anteriormente gestionadas por el I.R.I. (*INSTITUTO PER LA RECOSTRUZIONE INDUSTRÍALE*), EL E.N.I. (*ENTE NAZIONALE INDROCARBURI*) y los otros Ministerios, permitiendo, por otra parte, la realización de una política común y coordinada. Por ello, se ha dicho con razón que la constitución de este Ministerio dio por primera vez la posibilidad de ejercer en Italia, una política más completa y mejor concebida, lo que anteriormente era casi imposible.[490]

3. El control administrativo indirecto

97. Anteriormente señalamos que el control administrativo que se ejercía sobre las empresas públicas podía ser directo o indirecto. Ya analizamos los supuestos del Derecho Comparado en los cuales se da un control directo ejercido por la propia administración, sea a través del Ministro respectivo, por vía de control jerárquico o de tutela, sea a través de órganos administrativos de coordinación o planificación.

Nos corresponde ahora estudiar aquellos casos de control administrativo indirecto sobre las diversas actividades industriales o comerciales del Estado, y que tienen la peculiaridad de que el mismo es desarrollado, no por la administración o alguno de sus órganos jerarquizados, sino por organismos autónomos, dotados de personalidad jurídica distinta de la del Estado y, por tanto, sometidos al control directo de éste.

Este fenómeno se da, no sólo en los países de régimen de economía planificada, donde se compagina con los controles propios de la ejecución del plan, sino también en los países de régimen capitalista, aun cuando en ellos no se elaboren programas ni se desarrollen sistemas de planificación.

---

487   *Cfr.* GAETANO STAMMATI, "La Empresa Pública en la Teoría Económica y en la Experiencia Italiana", *ICE*, marzo 1964, pág. 107.

488   *Cfr.* F. FRANCHINI, "Aspects Juridiques de l'Intervention...", *loc. cit.*, pág. 236.

489   *Vid.* F. FRANCHINI, "Aspects Juridiques de l'Intervention...", *loc. cit.*, págs. 234 y 235.

490   *Vid.* NATALIA GAJL, "Les Entreprises d'Etat en France, en Italie et en Pologne", *loc. cit.*, pág. 160.

98. En Gran Bretaña, por ejemplo, el término planificación económica hoy día no es muy usado para describir las políticas formuladas por el Gobierno para controlar y ajustar la economía nacional, lo que en todo caso, no puede interpretarse como liberalismo económico, ya que el Gobierno tiene facultades directas e indirectas sobre el monto y composición del ingreso nacional, que no ha vacilado en utilizar.[491] Además, tal como se ha visto, Inglaterra ha sido uno de los países occidentales donde ha habido, quizás debido a las nacionalizaciones, intervención decisiva del Estado en la economía. Por ello, si bien no se han desarrollado mecanismos planificadores, se han previsto, en todo caso, mecanismos de coordinación que configuran ciertamente, un control indirecto ejercido por el Estado sobre las empresas públicas.

En efecto, las mismas leyes de nacionalización, crearon diversas oficinas locales llamadas *REGIONAL BOARD, AREA BOARD, CONTROL BOARD, NATIONAL BOARD*, esencialmente destinadas a unificar, orientar y vigilar la actividad de las diferentes empresas nacionalizadas. En estos casos, aun cuando el principio de la centralización bajo la égida del Ministro interesado sea respetado por doquiera, se pueden descubrir en la coordinación y subordinación de las empresas nacionalizadas inglesas, varias soluciones. En primer lugar, se prevé en algunos casos, una coordinación en dos grados: la *COAL INDUSTRY NATIONALIZATION ACT* de 1946 estipula así la creación del *NATIONAL COAL BOARD*, al que se le asigna la tarea de dirigir el conjunto de la actividad de la industria nacionalizada del carbón. Dicho consejo es una persona jurídica autónoma, con capacidad de derecho y de acción, aunque está colocada, a su vez, bajo el control y dirección inmediata del Ministro interesado, quien nombra al presidente y a ocho de los miembros del Consejo de Administración. De manera semejante es como se ha resuelto el problema de la coordinación y de la subordinación en la *IRON AND STEEL ACT* de 1949, que previo la creación de la *IRON AND STEEL CORPORATION OF GREAT BRITAIN* con funciones de dirigir y orientar la actividad de las empresas nacionalizadas.[492] Por otra parte, algunos sistemas británicos de coordinación se realizan en tres grados, sobre todo cuando la nacionalización abarca gran número de empresas cuya actividad concierne más directamente a las capas más numerosas de la población. Es el caso, por ejemplo, de la *ELECTRICITY ACT* de 1947, que estableció, entre las diferentes empresas nacionalizadas y la dirección suprema personificada por el Ministro competente, dos instancias, la *BRITISH ELECTRICITY AUTHORITY O CENTRAL AUTHORITY* Y EL *AREA BOARD*, formadas de Consejos de Administración nombrados por el Ministro. Sus respectivas funciones consisten en la coordinación, la orientación, la dirección y el control de las empresas nacionalizadas, estando jerárquicamente repartidas. La orientación y la dirección en sus grandes lineamientos, así como el contacto directo con el Ministro interesado

---

491   *Vid.* Informe General al XII Congreso Internacional de Ciencias Administrativas (Viena, 16-20 de julio de 1962) sobre el tema "Organización Gubernamental para el Desarrollo Económico", *cit.*, pág. 12.

492   *Vid.* en K. KATZAROV, *op. cit.*, pág. 369.

fueron dejados al *BRITISH ELECTRICITY BOARD*, en tanto que la tarea de coordinar la aplicación de las líneas generales de orientación y dirección y el contacto directo con las empresas nacionalizadas fueron dejados al *AREA BOARD*.[493]

En todos estos casos, los órganos de coordinación tienen una dependencia jerárquica del Ministro respectivo [494] y, sin embargo, por tener una organización y personalidad distinta de la del Estado, su actividad se configura como de control administrativo indirecto.

99. Dentro de estos entes de coordinación, aun cuando muchos de ellos tienen también funciones de gestión, deben ser incluidos también *LOS ENTI PUBBLICI ECO-NOMICI* del Derecho italiano, —muchos de los cuales actúan como *HOLDING O COMO HOLDING DE HOLDINGS*— [495] y principalmente el *INSTITUTO PER LA RICOSTRUZIONE IN-DUSTRÍALE*. En efecto, el I.R.I., que fue fundado a raíz de la crisis económica de 1929, por el decreto-ley N° 5, de 23 de enero de 1933, constituye un verdadero instrumento de administración y control en relación a las participaciones suscritas por el Estado en el sector económico, y se presenta como un poderoso instrumento de política económica en manos del Estado. El I.R.I. persigue la coordinación, el desarrollo y la dirección de las diversas empresas en las cuales posee interés y su acción se ejerce principalmente, a través de cinco grandes *HOLDINGS*, que ha constituido en los sectores de la energía eléctrica (*FINELETTRICA*), de los teléfonos (*STET*), de las construcciones navales y de los transportes marítimos (*FINMARE*), de la mecánica (*FINMECCANICA*) y de la siderúrgica (*FINSIDER*). Gracias al conjunto de acciones que detiene, el I.R.I. ejerce entonces un control total en muchos sectores esenciales de la economía italiana. [496] En todo caso, es necesario aclarar que si bien el I.R.I. es un instituto financiero de Derecho Público, y, por tanto, catalogable dentro de los establecimientos públicos industriales o comerciales,[497] todas las otras sociedades dependientes de él son sociedades anónimas sometidas a las reglas habituales del Derecho Privado.

En España, el Instituto Nacional de Industrias presenta también las características de ente de coordinación económica, pues si bien no produce en general directamente, actúa a modo de TRUST, en sentido económico y legal, de empresas productoras. El I.N.I. fue creado por la ley de 25 de septiembre de 1941, con carácter de entidad de Derecho Público y con la finalidad de propulsar y financiar, en beneficio de la nación, la creación y resurgimiento de las industrias españolas, en especial, de las que

---

493   *Vid.* en K. KATZAROV, *op. cit.*, pág. 370.

494   *Cfr.* K. KATZAROV, *op. cit.*, pág. 369.

495   *Cfr.* PIERO VERRUCOLI, "Consideraciones Jurídico-Mercantiles sobre las Empresas en mano Pública", *loc. cit.*, pág. 160 y 161. Sobre los Holding Estatales *Vid.* AGUSTÍN A. GORDILLO, *Empresas del Estado, cit.*, págs. 70 y sig.

496   *Cfr.* F. FRANCHINI, "Aspects Juridiques de l'Intervention...", *loc. cit.*, págs. 238 y sig.; N. GAJL, «Les Entreprises d'Etat en France, en Italie, et en Pologne», *loc. cit.*, págs. 160 y 161.

497   *Cfr.* F. FRANCHINI, "Aspects Juridiques de l'Intervention...", *loc. cit.*, pág. 239.

se propusieran como fin principal la resolución de los problemas impuestos por las exigencias de la defensa del país, o que se dirigieran al desenvolvimiento de su autarquía económica, ofreciendo al ahorro español una inversión segura y atractiva.[498]

En Francia, tiene el carácter de ente de coordinación, por ejemplo, el ente denominado *CHARBONNAGES DE FRANCE* que ha sido constituido también como un establecimiento público. En efecto, en ese país, dos categorías de organismos aseguran la gestión de las minas: Los *CHARBONNAGES DE FRANCE* y los establecimientos públicos constituidos en las diversas minas de carbón, denominados *HOUILLÈRES DE BASSIN* con una indicación geográfica determinada. Si bien las *HOUILLÈRES DE BASSIN* tienen el carácter de organismos de producción, explotación y venta, los *CHARBONNAGES DE FRANCE*, para el conjunto del territorio, dirigen, controlan y coordinan su acción, tanto en el dominio técnico, como en el comercial y financiero.[499]

Debe decirse, por último, que, en general, estos entes de coordinación han surgido fundamentalmente en los países en vías de desarrollo, y aun cuando su presencia, sobre todo por la última razón, sea ahora normal en los países altamente desarrollados,[500] como medios para impulsar la industrialización o el desenvolvimiento de una determinada región. Un ejemplo del primer supuesto serían la Corporación Venezolana de Fomento y de la Corporación Venezolana de Guayana en Venezuela, que tienen por objeto, respectivamente, promover y fomentar la industrialización del país y el desarrollo de la región de Guayana.[501]

100. Merecen, por otra parte, especial atención, al hablar de los organismos de coordinación con personalidad jurídica distinta de la del Estado a través de los cuales éste ejerce un control administrativo indirecto, las llamadas "uniones" de empresas que proliferan en los países socialistas, y cuyo régimen guarda una cierta unidad.

En efecto, si bien hemos visto que en la U.R.S.S. la unidad económica de base la constituyen las empresas del Estado (*GOSPREDPRIATIA*), éstas son reagrupadas en *TRUSTS* (*TRUSTI*), es decir, en uniones de varias empresas estatales semejantes, inmediatamente destinadas a ser sujetos centrales de dirección y de representación, y que tienen una función de control.[502] En todo caso, a los TRUSTI, que se presentan como organismos dotados de personalidad jurídica independientes del Estado, les

---

498   *Cfr.* J. L. VILLAR PALASI, "La Actividad Industrial del Estado en el Derecho Administrativo", *loc. cit.*, págs. 85 y 86; S. MARTÍN-RETORTILLO, «Organización Administrativa...», *loc. cit.*, págs. 2 y sig.

499   *Cfr.* J. RIVERO, *Le Régime des Nationalisations*, cit. (3° cahiers), pág. 43.

500   *Vid.* Nᵒ 8.

501   *Vid.* Nota Nᵒ 50. *Vid.* asimismo, RAFAEL ALFONSO RAVARD, "La Corporación Venezolana de Guayana" en el libro BID, *Instituciones Financieras de Desarrollo, cit.*, págs. 357 y sig.

502   *Cfr.* K. KATZAROV, *op. cit.*, págs. 316 y 376; RODRIGO FERNÁNDEZ- CARVAJAL, «Las Empresas Públicas en Rusia», *loc. cit.*, pág. 454; J. N. HAZARD, «Soviet Government Corporation», *loc. cit.*, págs. 853 y sig.

corresponde coordinar la producción y el trabajo de sus diversas fábricas o empresas, de asegurar su reabastecimiento en materias primas y de vigilar la circulación de sus productos. El *TRUSTI* constituye así, el órgano de control, a veces administrativo y técnico de la empresa. Pero en todo caso, no se trata de un órgano de control independiente ya que el director que lo dirige, sin duda con un poder importante, es nombrado y destituido por las instancias administrativas superiores. [503] Con estructura similar a los *TRUSTI*, existen también en la U.R.S.S. los llamados *COMBINAT*, que a diferencia de aquéllos, que reúnen empresas que pertenecen a una misma rama de producción, reúnen empresas cuyas producciones son complementarias.[504]

En Polonia, asimismo, uno de los métodos de coordinación de las actividades de las empresas públicas consiste en agrupar ciertas empresas —sea las empresas-llave o sea las empresas locales— y someterlas así, a la vigilancia y a la dirección de organismos que son a la vez unidades económicas y órganos de la administración del Estado, llamados también uniones de empresas del Estado. En líneas generales, tal como lo señala Rybicki, en Polonia, las tareas de esas uniones se refieren a la planificación económica, a la coordinación de las actividades de las empresas, así como al ejercicio de facultades de control y de vigilancia en relación con las mismas. En el campo de la planificación económica, corresponde a la unión determinar la orientación del desarrollo de las empresas agrupadas conforme a los principios de la política económica del Estado, enunciados en los planos económicos a largo plazo y en los planes llamados de perspectivas; determinar los índices obligatorios de los planes de las empresas sobre los cuales éstas se fundan para establecer sus propios planes; elaborar los planes económicos del conjunto de todas las empresas agrupadas en la unión; y suministrar, en caso de necesidad, las directivas concernientes a la realización de los planes económicos por las empresas. En el campo de la coordinación de las actividades de las empresas, las uniones son competentes, principalmente, para determinar el marco de la especialización de las empresas particulares, para repartir las tareas de producción y para organizar la cooperación en el interior de la rama económica en cuestión; para crear oficinas de estudios y laboratorios comunes y para tomar otras medidas tendientes a asegurar un progreso técnico y económico; para organizar el aprovisionamiento en materias primas y la circulación de los productos terminados; y para organizar los cambios de experiencia y de información científica y técnica. En fin, en el campo del control y de la vigilancia, compete a la unión efectuar el control de la realización de los planes y de las otras obligaciones aceptadas por las empresas; vigilar el estado técnico y de organización de las empresas así como las condiciones de seguridad y de higiene del trabajo, y controlar si la disciplina financiera relativa a inversiones, etc., es respetada.[505]

---

503   *Cfr.* K. KATZAROV, *op. cit.*, pág. 376; G. LESCUYER, *Le Contrôle de l'Etat...*, *cit.*, pág. 15 y 376.

504   *Vid.* CHARLES BETTELHEIM, *Problemas Teóricos y Prácticos...*, *cit.*, pág. 69.

505   *Vid.* Z. RYBICKI, "Le Régime des Activités... *loc. cit.*, págs. 271 y sig.

Ahora bien, estas uniones, aunque dotadas de personalidad jurídica propia como organismos autónomos, [506] están subordinadas en lo que se refiere a su organización y funcionamiento, al Ministro competente (uniones de empresas-llave) o al *presidium* del Consejo Popular de *VOIVODIE* (uniones de empresas locales), de tal manera que el Ministro y el *presidium* constituyen órganos jerárquicamente superiores en relación a las uniones,[507] Esto confirma su carácter de medio de control administrativo indirecto.

Debe señalarse, por último, que las uniones de empresas, como órganos de coordinación y control, con las características generales antes señaladas, también se encuentran reguladas en Checoslovaquia, Yugoslavia, Hungría, Rumania y Bulgaria.[508]

III. EL CONTROL PARLAMENTARIO

> *"Sólo por ley, y en conformidad con la ley orgánica respectiva, podrán crearse institutos autónomos.*
>
> *"Los institutos autónomos, así como intereses del Estado en corporaciones o entidades de cualquier naturaleza, estarán sujetos al control del Congreso, en la forma que la ley establezca"*. Artículo 230 de la *Constitución* venezolana de 23 de enero de 1961.

101. Directa o indirectamente, según el menor o mayor grado de autonomía e independencia que tengan en relación con el Estado, bajo una forma u otra, se reconoce de hecho o de derecho a los representantes del pueblo, un derecho de control sobre las empresas económicas del Estado, es decir, se reconoce al Parlamento la facultad de controlar y fiscalizar las actividades industriales y comerciales de los poderes públicos.

102. En cuanto a las actividades industriales y comerciales realizadas por la administración directamente, por sus órganos, ellas están sometidas al control parlamentario como lo está toda otra actividad administrativa. En su aspecto financiero, este control es quizás el más acentuado, ya que los órganos administrativos que desarrollan esas actividades se encuentran sujetos a la obligación presupuestaria.[509] Pues deben presentar un presupuesto parcial dentro del proyecto general de presupuesto de gastos del Estado.[510] Se trata aquí de un control A PRIORI. Además, el Parlamento ejerce también un control A POSTERIORI con la revisión anual de la gestión

---

506   *Cfr.* Z. RYBICKI, L'Entreprise Publique dans le Système Polonais...", *loc. cit.,* pág. 316; Z. RYBICKI, «Le Régime des Activités...», *loc. cit.,* pág. 273.

507   *Cfr.* Z. RYBICKI, "Le Régime des Activités. . .", *loc. cit.,* pág. 273.

508   *Vid.* K. KATZAROV, *op. cit.,* págs. 373 a 376.

509   *Vid.* Nº 18.

510   *Cfr.* TORE MODEEN, *Le Régime des Activités...*, *cit.,* págs. 9 y 10, GERHARDT PLÖCHL, *Die Öffentliche...*, *cit.,* pág. 13.

del Ministro respectivo bajo cuya competencia y dirección jerárquica está el servicio económico no autónomo.

103. Por otra parte, y aun cuando dotados de personalidad jurídica distinta y de autonomía financiera, el Parlamento también ejerce un control sobre las actividades desarrolladas por los establecimientos públicos industriales y comerciales. En primer lugar, y si bien estos organismos no están sometidos a la obligación presupuestaria, pues no tienen que someter sus presupuestos a la aprobación del Parlamento sino del Ministro de tutela, [511] siempre que en el presupuesto del Estado exista alguna cantidad destinada a ingresar en el patrimonio de dichos entes a título de subvención, ésta debe ser aprobada por el Parlamento en la sanción del Presupuesto respectivo, permitiéndose así, un control financiero previo indirecto, [512] aun cuando en algunos países, como Italia, se exija, al menos teóricamente, que los presupuestos de las empresas públicas sean aprobados por el Parlamento. [513] Por otra parte, en algunos países como en Francia, aun cuando el Parlamento en esta materia, a veces por falta de una información suficiente, no haya planteado nunca todos los problemas políticos fundamentales que suscita la gestión de las empresas públicas,[514] éste tiene un medio de control A PRIORI consistente en la necesidad de que sea sometida al mismo, en el mismo momento que el proyecto de ley de finanzas, la nomenclatura de las empresas públicas. [515] Además, el Parlamento tiene también facultades para seguir y apreciar el funcionamiento de las actividades desarrolladas por los establecimientos públicos industriales y comerciales, por medio de las comisiones parlamentarias. Esto era, por ejemplo, lo que correspondía a las subcomisiones permanentes del Parlamento francés antes de 1958.[516] Sin embargo, por la reorganización de las comisiones parlamentarias realizadas después de la entrada en vigor de la Constitución del 4 de octubre de 1958, ha desaparecido este control permanente. Sólo pueden ser constituidas, sin embargo, Comisiones de investigación destinadas a estudiar algún aspecto particular de las empresas, pero sus informes no son públicos.[517] Una situación similar se presenta en Venezuela, donde el Congreso puede designar Comisiones de investigación para determinados asuntos.[518]

En relación a los establecimientos públicos, en todo caso, el Parlamento posee medios A POSTERIORI indirectos de control, por la rendición de cuentas del respec-

---

511   *Cfr.* M. A. FLAMME, "Le Régime des Activités. . .", *loc. cit.,* pág. 423.

512   *Cfr.* A. DELION, *L'Etat et les Entreprises Publiques, cit.,* pág. 71.

513   *Vid.* F. FRANCHINI, "Aspects Juridiques de l'Intervention de l'Etat...", *loc. cit.,* págs. 243 y 244.

514   *Vid.* P. BAUCHET, "Las Empresas Públicas en Francia", *loc. cit.,* págs. 87 y 88.

515   *Cfr.* R. DRAGO, "Le Régime des Activités...", *loc. cit.,* pág. 458; ANDRÉ DELION, *L'Etat et les Entreprises Publiques, cit.,* pág. 57.

516   *Cfr.* P. BAUCHET, "Las Empresas Públicas en Francia", *loc. cit.,* pág. 88.

517   *Cfr.* R. DRAGO, "Le Régime des Activités...", *loc. cit.,* pág. 458; G. LES- CUYER, «Les Entreprises Nationales...», *loc. cit.,* pág. 1166; A. G. DELIÓN, Le Statut..., *cit.,* pág. 113.

518   *Vid.* Artículo 160 de la Constitución Venezolana de 1961.

tivo Ministro de tutela sobre sus actos dictados en relación a los establecimientos públicos industriales y comerciales, pudiendo ser éste, en todo caso, interpelado y sometido a voto de censura[519] Por otra parte, en aquellos países en los cuales, como se verá,[520] el Parlamento tiene un órgano auxiliar de verificación de cuentas cuyas funciones se extienden a los establecimientos públicos, el resultado de esa actividad examinadora se somete generalmente al conocimiento del Parlamento, verificándose, en este caso, un típico control financiero A POSTERIORI, como sucede en Italia y Venezuela.[521]

Por último, en Italia está establecida una forma especial de control financiero A POSTERIORI del Parlamento sobre los balances de los establecimientos públicos industriales y comerciales que reciben subvenciones del Estado, consistente en la constatación de si los dineros públicos han sido o no bien gastados, en vista de la satisfacción del objetivo que el establecimiento beneficiario se proponía alcanzar a través de la subvención señalada.[522]

104. En todo caso, si bien de una forma u otra, el Derecho Comparado nos muestra diversas formas de control sobre las empresas públicas cuando éstas son desarrolladas por personas de Derecho Público, ese control se debilita generalmente frente a las sociedades mercantiles con capital público.

En efecto, salvo aquellos casos en que las empresas públicas están constituidas como sociedades mercantiles subvencionadas por el Estado, en las cuales el Parlamento interviene con el control A PRIORI de aprobación de la respectiva subvención, los mecanismos de que dispone son insuficientes, ya que, generalmente, aquéllas no tienen la obligación de enviar a las Cámaras informes o memorias anuales.[523] Es más, en algunos países, como Finlandia, no se ha establecido ningún tipo de control directo sobre las sociedades mercantiles del Estado,[524] permitiéndose solamente un control indirecto a través de los resultados de la verificación que efectúe la Inspección de Finanzas.[525]

En otros países, sin embargo, como en Italia, se permite al Parlamento ejercer un control directo sobre las sociedades mercantiles en las cuales participe el Estado, siempre que ellas reciban una subvención del mismo, consiste en el examen de sus balances. El control del Parlamento, en este caso, tiene por objeto el examen de la manera/como se ha hecho uso de los dineros públicos que han sido atribuidos en

---

519   *Cfr.* A. DELIÓN, Informe francés al IV CIEF, *loc. cit.*, Vol. 4, pág. 155; GERHARDT PLÖCHL, Die öffentliche..., *cit.*, pág. 12.

520   *Vid.* N° 106.

521   *Vid.* F. FRANCHINI, "Aspects Juridiques de l'Intervention de l'Etat...", *loc. cit.*, pág. 243; artículos 234 y sig. de la Constitución de Venezuela de 1961.

522   *Vid.* F. FRANCHINI, "Aspects Juridiques de l'Intervention...", *loc. cit.*, Pág. 251.

523   *Cfr.* PELLA LENOUDIA, "Las Empresas Públicas en Grecia", *loc. cit.*, pág. 153.

524   *Vid.* TORE MODEEN, *Le Régime des Activités...*, *cit.*, págs. 15 y 16.

525   *Cfr. Informe del Valtiontalouden Tarkastusvirasto al IV CIEF*, *loc. cit.*, Vol. 4, pág. 147.

vista de un objetivo que, en el caso de estas sociedades, no tiene necesariamente que estar ligado, sino de una manera indirecta, a fines de carácter público.[526]

105. En cuanto al control parlamentario sobre las actividades industriales y comerciales del Estado, es necesario destacar en forma especial, las peculiaridades de ese control en las *PUBLIC* y *GOVERNMENT CORPORATIONS*.

En cuanto a las *PUBLIC CORPORATIONS* británicas, una de sus características esenciales y fundamentales es que no están sujetas a la inspección parlamentaria en lo que respecta a la gestión ordinaria del negocio, como cosa distinta del plan general de la misma. [527] Sin embargo, bien lo aclara Robson, ello no quiere decir que la *PUBLIC CORPORATION* sea inmune en todos los sentidos a la interferencia política del Parlamento, ya que está sujeta a un grado considerable de fiscalización ministerial. Esto implica, como se ha visto, una responsabilidad del Ministro ante el Parlamento, al menos en aquellas materias sobre las cuales puede fiscalizar a la Corporación. [528] En todo caso, es necesario señalar que ha sido muy debatida la extensión con que los Ministros deben estar sujetos a interpelaciones parlamentarias en materias concernientes a las *PUBLIC CORPORATIONS*. En este sentido, el mismo W. A. Robson señala que miembros de todos los partidos han demandado en la Cámara de los Comunes más amplios derechos para pedir a los Ministros información relativa a las industrias nacionalizadas, pero, no obstante, el Parlamento se ha adherido en lo sustancial, al principio preconizado por Mr. Herbert Morrison en 1947, cuando dijo que el dar los Ministros información sobre las materias ordinarias, sería contrario a la intención, claramente expresada, del Parlamento cuando fundó las *PUBLIC COR-PORATIONS* con una extensa independencia en cuestiones de administración ordinaria, y produciría una excesiva interferencia ministerial en la libertad de acción de los Consejos de Administración.[529]

En todo caso, debe indicarse que en cada período parlamentario, con ocasión de los debates que tienen lugar sobre los informes y rendiciones de cuentas anuales que las *PUBLIC CORPORATIONS* deben presentar al Parlamento a través del Ministro respectivo, se presenta una importante oportunidad para una crítica y revisión parlamentaria general de las industrias nacionalizadas que van más allá de las posibilidades que otorga la sola oportunidad de interpelación. [530]

---

526   *Vid.* F. FRANCHINI, "Aspects Juridiques de l'Intervention de l'Etat...", *loc. cit.,* pág. 251.

527   *Cfr.* W. A. ROBSON, Industria Nacionalizada..., *cit.,* págs. 65 y 163; W. A. ROBSON, «La Public Corporation en Gran Bretaña», *loc. cit.,* pág. 117.

528   *Vid.* W. A. ROBSON, *Industria Nacionalizada..., cit.,* pág. 65.

529   *Vid.* W. A. ROBSON, "La Public Corporation en Gran Bretaña", *loc. cit.,* pág. 118.

530   *Cfr.* W. A. ROBSON, Industria Nacionalizada..., *cit.,* págs. 74 y 178; W. A. ROBSON, «La Empresa Pública en Gran Bretaña», *loc. cit.,* pág. 76; W. A. ROBSON. «La Public Corporation en Gran Bretaña», *loc. cit.,* pág. 119; G. LESCUYER, *Le Contrôle de l'Etat..., cit.,* pág. 66; L. LÓPEZ RODÓ, «Las Empresas Nacionalizadas...», *loc. cit.,* pág. 400.

Ahora bien, los referidos medios de control parlamentario fueron juzgados insuficientes por la Cámara de los Comunes, en razón, principalmente, de la exclusión de los temas llamados de detalle del campo de las preguntas que podían formularse a los Ministros, y cuya definición continúa aún vaga. [531] Por ello, se creó en 1955 como medio complementario del control del Parlamento, un comité de vigilancia (*SELECT COMMITTEE*), como comisión permanente encargada del control A *POSTERIORI* de las empresas nacionalizadas, así como de su vigilancia permanente. Este comité podía examinar los informes y las cuentas de la gestión de las industrias nacionales, y obtener en relación a esa gestión una información suplementaria.[532] Los poderes de esta comisión permanente eran, sin embargo, insuficientes, por lo que en 1956 se nombró una nueva Comisión especial para examinar los informes y las cuentas de las industrias nacionalizadas, que a diferencia de la anterior, no debía encontrar obstáculos ni prohibiciones en su labor.[533]

En los Estados Unidos, tal como se ha indicado,[534] las *GOVERNMENT CORPORATIONS* surgieron, en lo que se refiere a los aspectos del control, según el modelo británico y así permanecieron hasta 1945, cuando por el *GOVERNMENT CORPORATION CONTROL ACT*, se modificó sustancialmente el sistema, convirtiéndose a las *GOVERNMENT CORPORATIONS*, según lo afirma Pritchett, en agencias parecidas o los departamentos usuales del Gobierno. [535] En primer lugar, hemos visto que la ley referida, eliminó la exención de adscripción de las Corporaciones del Gobierno al Presupuesto del Estado, por lo que en la actualidad, sus presupuestos dependen del Presupuesto nacional y deben ser sometidos a la aprobación tanto de la *BUDGET BUREAU* como del Congreso.[536] Esto implica, por tanto, la existencia de un control parlamentario A *PRIORI*, que no se diferencia del control propio del procedimiento parlamentario ordinario.[537] En esta forma corresponde a las dos Cámaras, aprobar anualmente los créditos para las empresas y, de hecho, vigilar toda su política. El

---

531   *Vid.* G. LESCUYER, *Le Contrôle de l'Etat...*, *cit.*, pág. 66. *Cfr.* G. LESCUYER, "Les Entreprises Nationales...", *loc. cit.*, págs. 1158 y sig.; W. A. ROBSON, *Industria Nacionalizada...*, *cit.*, págs. 164 y sig.; LORD REITH, «Public Enterprises: Necessity to examine their Control and Structure», *Public Administration*, Vol. XXXIV, Winter, 1956, págs. 351 a 355, *Vid.* en comentario bibliográfico de F. RUBIO LLORENTE y M. PÉREZ OLEA en *RAP*, N° 21, 1956, pág. 569.

532   *Cfr.* W. A. ROBSON, *Industria Nacionalizada...*, *cit.*, págs. 182 y sig.; G. LESCUYER, Le Contrôle de l'Etat..., *cit.*, págs. 6 6 y 135; G. LESCUYER, "Les Entreprises Nationales. . .", *loc. cit.*, págs. 1163 y 1164.

533   *Cfr.* S. MARÍN MARÍN, *Aspectos de la Administración Pública Autonómica, cit.*, págs. 291 y 292; W. A. ROBSON, *Industria Nacionalizada..., cit.*, pág. 187.

534   *Vid.* N°55.

535   *Vid.* HERMAN PRITCHETT, "The Government Corporation Control Act of 1945", *The American Political Science Review*, 1946, pág. 495, cit. por J. N. HAZARD, *Law Regulating..., cit.*, pág. 5.

536   *Cfr.* G. LESCUYER, *Le Contrôle de l'Etat..., cit.*, pág. 63. *Vid.* N° 55.

537   *Cfr.* G. LESCUYER, *Le Contrôle de l'Etat..., cit.*, pág. 64.

proyecto de presupuesto que se les somete debe comprender las estimaciones relativas a las condiciones financieras y operaciones de la Corporación para el año fiscal en curso y para el siguiente, así como las condiciones actuales y los resultados del último año fiscal totalmente conocido.[538] El Congreso dispone, además del Contralor General de los Estados Unidos para ser informado anualmente, de todas las operaciones financieras efectuadas.[539]

Por último y también en relación al control parlamentario de las Government Corporations, en los Estados Unidos, el Congreso puede designar comités de investigación entre las dos Cámaras, para vigilar las actividades de las industrias del Gobierno.[540]

IV. EL CONTROL POR ENTIDADES FISCALIZADORAS SUPERIORES

> *"Corresponde a la Contraloría General de la República el control, vigilancia y fiscalización de los ingresos, gastos y bienes nacionales, así como de las operaciones relativas a los mismos.*
>
> *"Las funciones de la Contraloría General de la República podrán extenderse por ley a los institutos autónomos, así como también a las administraciones estatales o municipales, sin menoscabo de la autonomía que a éstas garantiza la presente Constitución".* Artículos 234 y 235 de la *Constitución* venezolana de 23 de enero de 1961.

106. Es una tendencia generalizada en los sistemas financieros vistos a través del Derecho Comparado, el que los Estados, en vista del desarrollo y amplitud de sus finanzas públicas, constituyan organismos especiales, casi siempre como auxiliares del Parlamento o con categoría jurisdiccional, pero en todo caso separados del Poder Ejecutivo, con funciones específicas de realizar el control fiscal o de las finanzas públicas.[541]

Generalmente, en todo caso, estas entidades fiscalizadoras superiores, en ejercicio de sus funciones específicas, realizan un control A POSTERIORI sobre las activi-

---

538 *Cfr.* J. N. HAZARD, *Law Regulating...*, *cit.*, págs. 5 y 6.

539 *Vid.* LEONARD D. WHITE, *Introducción al Estudio de la Administración Pública*, México, 1964, pág. 309.

540 *Cfr.* G. LESCUYER, Le Controle de l'Etat..., *cit.*, págs. 13 y 135; G. LESCUYER, «Les Entreprises Nationales...», *loc. cit.*, pág. 1161.

541 Para un estudio comparativo de estas instituciones, véanse los trabajos presentados a los cinco Congresos Internacionales de Entidades Superiores de Control Fiscal, el último de los cuales se verificó en Israel en 1965; entre ellos véanse las Actas del IV Congreso, IV CIEF (1962), cit. editadas en Viena. Asimismo, véanse los trabajos presentados a los dos Congresos Latinoamericanos de Entidades Fiscalizadoras, el último de los cuales se celebró en Chile en 1965; entre ellos véase la Memoria del Primer Congreso celebrado en Caracas (1963) y publicada en Caracas (1965).

dades industriales y comerciales del Estado, en tanto en cuanto éstas tengan relación con los motivos de control fiscal ordinarios, por lo que salvo raras excepciones, como en Francia, no se prevén organismos destinados especialmente a controlar dichas actividades.

En efecto, en Italia, por ejemplo, la *CORTE DEI CONTI*, que es en cuanto a la gestión financiera del Estado el ojo vigilante del Parlamento, tiene atribuida por norma constitucional la facultadle fiscalizar la gestión financiera de los organismos que gozan ordinariamente de ayuda del Estado, y debe someter directamente a las Cámaras los resultados de su fiscalización.[542] Por tanto, todas aquellas personas jurídicas públicas o privadas subvencionadas por el Estado, deben presentar al Tribunal de Cuentas los resultados de sus cuentas y los presupuestos, con el resumen de pérdidas y ganancias, y con los informes de sus órganos administrativos y de revisión. La *CORTE DEI CONTI* ejerce entonces sobre los balances de los organismos subvencionados, un control que tiene por finalidad preparar la vía al Parlamento. Se trata, en definitiva, de una acción consistente en estudiar la gestión financiera de los organismos controlados gracias al examen de sus propios balances, pudiendo, en todo caso, solicitar las informaciones y documentos que juzgue necesarios.

Por otra parte, debe observarse que ante los balances de los establecimientos y empresas subvencionados, la Corte de Cuentas italiana observa una actitud muy diferente de aquella que ella adopta frente al presupuesto del Estado. En efecto, ante este último, la acción de control de la Corte de Cuentas se ejerce, en primer lugar, durante la ejecución del presupuesto anteriormente adoptado, por el examen relativo a la legimitidad de los compromisos y de los gastos efectuados. A este control financiero previo se sucede otro, realizado por la Corte de Cuentas en el momento en que ella procede a la confrontación de sus propios documentos con aquéllos que resultan del presupuesto mismo: control que se concluye por una declaración especial de igualdad y exactitud, que junto con un resumen de los resultados del examen efectuado por la Corte de Cuentas, debe incluirse en el informe presentado al Parlamento, junto con el Presupuesto. Al contrario, frente a los balances de las empresas subvencionadas, la Corte de Cuentas no está habilitada para proceder a una deliberación formal que pueda ser asimilada a aquélla que se verifica en relación al Presupuesto del Estado; y por tanto, ella no puede, evidentemente, formular una declaración de conformidad en relación a sus propios documentos, ni dar aprobación alguna a los balances.[543]

Es importante en todo caso, destacar, que la *CORTE DEI CONTI*, aun con las limitaciones referidas, puede controlar a todos los organismos subvencionados por el Estado, aun cuando se trate de sociedades mercantiles donde éste participe o estén subvencionadas por el mismo.

---

542   *Vid. Informe de la Corte dei Conti Italiana al IV CIEF, loc. cit.*, Vol. 3, págs. 93 y 95.

543   *Cfr.* F. FRANCHINI, "Aspects Juridiques de l'Intervention...", *loc. cit.*, pág. 255; *Informe de la Corte dei Conti Italiana al IV CIEF, loc. cit.*, Vol. 3, págs. 93 y sig.; S. MARÍN MARÍN, *Aspectos de la Administración Pública Autonómica, cit.*, págs. 296 y 297.

Siguiendo esta misma orientación, por ejemplo, la Inspección de Finanzas de Finlandia, organismo encargado de la fiscalización del Presupuesto Nacional, [544] tiene también atribuciones para fiscalizar las sociedades mercantiles en las cuales el Estado tenga alguna participación.[545] Sin embargo, no puede dar instrucciones u órdenes a los organismos de la sociedad en la forma que las puede dar a las autoridades e instituciones del Estado, sino, que en todo caso, las observaciones hechas durante la revisión deben ser presentadas al Ministerio del cual depende la empresa.[546]

Asimismo, los organismos especiales de control fiscal de Austria (*RECHNUNGS-HOF*) [547] y de Israel (*STATE COMPTROLLER*),[548] pueden extender su función fiscalizadora sobre las sociedades mercantiles en las cuales el Estado tenga participación, aun cuando en algunos casos, como en España, se exige para ello que la participación del Estado sea superior al 75 por ciento del capital social.[549] En Alemania, por otra parte, si bien dichas empresas no están sometidas directamente a la fiscalización del Tribunal de Cuentas (*BUNDES RECHNUNGSHOFES*), las instrucciones para la revisión por un perito técnico designado al afecto, pueden partir del mismo,[550] aun cuando se admite la posibilidad de que el Tribunal pueda directamente fiscalizar, siempre que el Estado otorgue alguna subvención a la empresa en cuestión.[551]

Esto último sucede también en Suecia, donde los *RIKSDAGENS REVISONER*, si bien no pueden examinar los negocios de las compañías controladas por el Estado, ello pueden hacerlo cuando dichas empresas reciban una subvención.[552]

Por otra parte, en Bélgica, la *COUR DES COMPTES*, aun cuando tiene facultad para controlar la actividad desarrollada por los establecimientos públicos industriales y comerciales, [553] no puede extender su control sobre las sociedades mercantiles en las cuales el Estado tiene participación.[554] En el mismo sentido, los organismos

---

544 *Cfr. Informe del Valtiontalouden Tarkastusvirasto de Finlandia al IV CIEF, loc. cit.*, Vol. 4, pág. 145.

545 *Cfr.* TORE MODEEN, *Le Régime des Activités..., cit.*, págs. 11 y 15.

546 *Vid. Informe del Valtiontalouden Tarkastusvirasto de Finlandia al IV CIEF, loc. cit.*, Vol. 4, pág. 147.

547 *Vid.* GERHARDT PLÖCHL, *Die Öffentliche..., cit.*, pág. 16; JOSEF MARSCHALL, *Informe Austríaco al IV CIEF, loc. cit.*, Vol. 4, págs. 239 Y 249.

548 *Vid. Informe del State Comptroller's Office al IV CIEF, loc. cit.*, Vol. 4, pág. 199.

549 *Vid. Informe del Tribunal de Cuentas Español al IV CIEF, loc. cit.*, Vol. 4, pág. 271.

550 *Cfr.* KLAUS VOGEL, *Die Wirstchaftliche...*, pág. 14; *Informe del Bundesrechnunghof de la República Federal de Alemania al IV CIEF, loc. cit.*, Vol. 4, págs. 137 y 139.

551 *Vid. Informe del Bundesrechnunghof de la República Federal de Alemania al IV CIEF, loc. cit.*, Vol. 3, pág. 45.

552 *Vid.* HAKAN STRÖMBERG, "La Empresa Pública en Suecia", *loc. cit.*, pág. 149.

553 *Vid.* M. A. FLAMME, "Le Régime des Activités...", *loc. cit.*, pág. 402. *Cfr.* G. LESCUYER, *Le Contrôle de l'Etat..., cit.*, pág. 122.

554 *Vid.* M. A. FLAMME, "Le Régime des Activités. . .", *loc. cit.*, pág. 424.

superiores de control de Finanzas Públicas de Brasil (Tribunal de Cuentas), [555] Irak (Contralor y Auditor General), [556] Países Bajos (Cámara de Cuentas),[557] no pueden extender su labor de fiscalización sobre las sociedades mercantiles en las cuales el Estado tiene participación.

107. Ahora bien, en cuanto al control que las entidades fiscalizadoras superiores de control fiscal pueden ejercer sobre los organismos del Estado que desarrollen actividades industriales y comerciales, es necesario destacar el sistema francés, por cuanto en él se ha instituido un organismo satélite del Tribunal de Cuentas, especialmente destinado a revisar las cuentas de las empresas públicas, denominado *COMISSION DE VERIFICARON DES COMPTES DES ENTREPRISES PUBLIQUES*, creada por la ley de 6 de enero de 1948. Los poderes de la Comisión son de carácter general: "Ella procede anualmente al examen de las cuentas de gestión y balance y cuentas de ganancias y pérdidas de las empresas vigiladas, sacando de los mismos todas las conclusiones necesarias sobre los resultados financieros de esas empresas"; "ella expresa su opinión sobre la regularidad y la sinceridad de las cuentas y propone cuando sea necesario las correcciones que estime deban ser hechas a esas cuentas, dando también su opinión sobre la cualidad de la gestión comercial y financiera de la empresa"; la ley señalada agrega, en fin, que "en los informes de conjunto sobre la actividad y resultados de las empresas controladas por ella, la comisión señala, si es necesario, las modificaciones que crea conveniente hacer en relación a la estructura o a la organización de esas empresas, y da su opinión sobre las perspectivas futuras".[558]

Ahora bien, la competencia de la Comisión de Verificación se extiende a los establecimientos públicos industriales y comerciales, a las empresas nacionalizadas y a las sociedades de economía mixta en las cuales el Estado posee al menos la mayoría del capital social, [559] y su informe general es dirigido cada año al Parlamento, al Primer Ministro y a la Corte de Cuentas.[560]

108. Por último, también en los países anglosajones, las cuentas de las empresas públicas son controladas o examinadas por las entidades fiscalizadoras de los gastos públicos. En efecto, en Inglaterra, la Comisión de Cuentas Públicas de la

---

555   *Vid.* A. BROCHADO DA ROCHA, *Informe Brasileiro II al IV CIEF, loc. cit.*, Vol. 4, pág. 123

556   *Vid.* A. K. SAID, *Informe de Irak al IV CIEF, loc. cit.*, Vol. 4, pág. 195.

557   *Vid. Informe del Algemene Rekenkamer de Holanda al IV CIEF, loc. cit.*, Vol. 4, pág. 229.

558   *Vid.* A. DELION, *Informe Francés al IV CIEF, loc. cit.*, vol. 4 pág. 161. *Cfr.* R. DRAGO, "Le Régime des Activités...", *loc. cit.*, pág. 458.

559   *Cfr.* F. FABRE y R. MORÍN, "A Propos d'une décision du Tribunal des Conflicts. Quelques Aspects Actuels du Contrôle des Sociétés d'Economie Mixte", *RDP*, 1964, N" 4, pág. 789; A. DELIÓN, *Informe Francés al IV CIEF, loc. cit.*, Vol. 4, pág. 163; P. DU PONT, *L'Etat Industrial, cit.*, pág. 136; A. G. DELIÓN, *Le Statut..., cit.*, págs. 91 y sig.

560   *Cfr.* G. LESCUYER, *Le Contrôle de l'Etat..., cit.*, pág. 121; A. BAU-CHET, «Las Empresas Públicas en Francia», *loc. cit.*, pág. 89.

Cámara de los Comunes, poderoso instrumento parlamentario para fiscalizar los gastos de los departamentos gubernamentales, ha procedido también a examinar las cuentas de las empresas nacionalizadas, aunque dicho control se verifica, sobre todo, respecto de aquellas empresas que dependen económicamente del Estado.[561]

En los Estados Unidos, a partir del GOVERNMENT CORPORATION CONTROL ACT de 1945, "las transacciones comerciales de las corporaciones que están totalmente en manos del Gobierno, son revisadas por la GENERAL ACCOUNTING OFFICE, de acuerdo con los principios y procedimientos que se aplican en las transacciones comerciales, y con arreglo a las normas y regulaciones que se señalen por el Contralor General de los Estados Unidos".[562] Sin embargo, aun cuando esta previsión legal parece indicar que la GENERAL ACCOUNTING OFFICE sólo podría ejercer un control de tipo comercial, eso nunca fue hecho. En efecto, la Oficina General de Contabilidad no sólo ha procedido a comprobar las cuentas de las corporaciones, sino que ha querido aprobarlas, revisando los gastos y compromisos pendientes de las mismas, para determinar si estaban o no autorizados a tenor de las disposiciones reglamentarias del GENERAL CONTROLLER.[563] En esta forma, la Oficina General de Contabilidad puede, en cierto sentido, comprometer en forma retrospectiva, la validez de las transacciones de las corporaciones, lo que, según A. Abel, resulta seriamente perjudicial para las operaciones de la empresa.[564]

109. Por último debe señalarse que en los países de Europa oriental no ha tenido, en general, auge la institución de organismos superiores de control de finanzas públicas. La excepción a ello, sin embargo, nos lo muestra Polonia, donde funciona una Cámara de Control, la cual es directamente responsable ante la Dieta y es independiente del Ejecutivo, y tiene por objeto controlar las actividades de los organismos del Estado en cuanto a su legalidad, inversiones y economía. Esta entidad presenta sus observaciones a la Dieta cada año en relación con la ejecución del presupuesto y del plan nacional de economía, [565] incluyendo en este último campo, las actividades desarrolladas conforme al mismo por las empresas del Estado.

V.   EL CONTROL POR GRUPOS DE INTERESES DE LA COMUNIDAD

> *"La Ley regulará la integración, organización y atribuciones*
> *de los cuerpos consultivos que se juzguen necesarios para oír la opi-*

---

561   *Cfr.* W. A. ROBSON, *Industria Nacionalizada y Propiedad Pública, cit.,* pág. 190.

562   *Vid.* J. N. HAZARD, *Law Regulating..., cit.,* pág. 6.

563   *Vid.* ALBERT S. ABEL, "La Corporación Pública en los Estados Unidos", *loc. cit.,* pág. 141.

564   *Vid.* A. S. ABEL, "La Corporación Pública en los Estados Unidos, *loc. cit.,* pág. 151. *Cfr.* J. N. HAZARD, *Law Regulating..., cit.,* pág. 6.

565   *Vid. Informe General al XII Congreso Internacional de Ciencias Administrativas* (Viena, 16-20 de julio de 1962) sobre el tema "Organización Gubernamental para el Desarrollo Económico", *cit.,* pág. 78.

nión de los sectores económicos privados, la población consumidora, las organizaciones sindicales de trabajadores, los colegios de profesionales y las universidades, en los asuntos que interesan a la vida económica". Artículo 109 de la Constitución venezolana de 23 de enero de 1961.

110. Tal como la ha definido J. Rivero, la nacionalización es la operación por la cual la propiedad de una empresa o de un grupo de empresas es transferida a la colectividad a fin de sustraerla, en vista de un interés general, de la dirección capitalista. [566] Por tanto, se trata, en principio, de una operación que tiene por objeto sustituir la dirección capitalista de la empresa por una dirección social, de la colectividad, y no directamente del Estado. En esta forma, el término nacionalización debe ser identificado al de socialización, entendiéndose por tal, como lo hace M. García-Pelayo, la GESTIÓN de las empresas por grupos de las categorías interesadas en la producción: representantes de los obreros y técnicos, de los consumidores y del Estado.[567] La presencia de este último es necesaria —agrega éste—, no sólo por su calidad de representante de los intereses generales de la sociedad, sino también porque toda socialización amplia ha de reposar sobre un plan económico general cuya vigilancia —cuando menos— ha de corresponder al Estado.

La socialización supone, pues, propiedad colectiva, gestión combinada, y autonomía, aunque no independencia, con respecto al Estado.[568]

Esta idea va a acompañar, en mayor o menor grado, algunos de los importantes procesos de nacionalización, tanto en los países occidentales como del Este de Europa y va a permitir la ingerencia de ciertos grupos interesados de la colectividad, en la gestión y el control de las empresas públicas; aun cuando se debe decir que gran parte de las nacionalizaciones ignoran el control directo del consumidor, limitándose a consagrar sólo el control público, aun cuando sea aquél en definitiva quien soporta las consecuencias del mal funcionamiento de las empresas estatales, ya sea porque sus productos no están a su alcance a tiempo, o porque sean de mala calidad o deba pagarlos demasiado caros[569].

111. En efecto, en Francia, el programa establecido bajo la ocupación el 15 de marzo de 1944, por el Consejo Nacional de la Resistencia, compuesto de diecisiete miembros representantes de los movimientos de resistencia, de las organizaciones obreras y de los partidos políticos, demandaba "la instauración de una

---

566   *Vid.* J. RIVERO, *Le Régime des Nationalisations* (Extrait du Juris-Classeur Civil-Anexes), *cit.* (29 cahiers), pág. 1.

567   *Vid.* M. GARCÍA-PELAYO, "Sobre los Supuestos y Consecuencias de la Socialización", *RAP*, N° 3, 1950, pág. 14.

568   *Vid.* M. GARCIA-PELAYO, "Sobre los Supuestos y Consecuencias de la Socialización", *loc. cit.*, pág. 14.

569   *Cfr.* K. KATZAROV, *op. cit.*, pág. 384.

verdadera democracia económica y social que implicara EL DESPOJO a las grandes feudalidades económicas y financieras de la dirección de la economía" y el "*RE-GRESO A LA NACIÓN* de los grandes medios de producción monopolizados, fruto del trabajo común, de las fuentes de energía, de las riquezas del subsuelo, de las compañías de seguros y de los grandes bancos". Asimismo, en Argelia, ante la Asamblea Consultiva, el 25 de julio de 1946, el general De Gaulle anunció la necesidad "de poner antes de que sea demasiado tarde a la *DISPOSICIÓN DE LA NACIÓN*, la dirección y la explotación de las grandes fuentes de la riqueza común y de *SUSPENDER* el juego de esas vastas conjunciones y combinaciones de intereses que tanto han pesado sobre el Estado y sobre los ciudadanos".[570] Siguiendo esta misma orientación, en el alinea 9 del Preámbulo de la Constitución de 27 de octubre de 1947, se señaló que "todo bien, toda empresa cuya explotación tiene o adquiera los caracteres de un servicio público nacional o de un monopolio de hecho, debe devenir propiedad de la colectividad", norma que continúa vigente en virtud de la Constitución francesa de 1958.

Ahora bien, esta orientación constitucional reposaba sobre la idea de que las empresas monopolísticas o que presentaban las características de un servicio público, debían escapar de la dirección capitalista, pero asimismo no debían ser dejadas a la gestión del Estado en cuanto a tal. En efecto, considerado el Estado como la personificación de la nación, entendida ésta como la suma de individuos parecidos y anónimos, la empresa va a ser considerada entonces como una personificación de la nación concreta, real, de la nación que trabaja, de la nación que consume. Por ello, no será el Estado —representación impersonal de la nación, según Rousseau— a quien se encomendará la gestión de las empresas, sino a los productores y a los consumidores. Pero estas fuerzas sociales no serán consideradas como conjuntos de individuos para el reclutamiento de sus representantes, sino como cuerpos organizados. No será, entonces, la voluntad de los individuos trabajadores o consumidores la que determinará la dirección de las empresas nacionalizadas, sino, al contrario, de las organizaciones representativas de ellos. Los miembros de los Consejos de Administración de las empresas públicas serán así designados por los organismos más representativos y no directamente por los trabajadores. Los sindicatos profesionales, los organismos de consumidores, designarán entonces sus representantes por partes iguales en los Consejos de Administración. [571]

Así se constituirá la idea en Francia de la gestión tripartita de las empresas públicas que fue aplicada en todas las empresas nacionalizadas después de la liberación: *CHARBONNAGES DE FRANCE*, Electricidad de Francia, Gas de Francia, los

---

570   *Vid.* en SUZANNE BASTID, "Les Nationalisations et la Propriété Privée", en *Etudes de Droit Contemporain*, Paris, 1959, Vol. IV, pág. 100.

571   *Cfr.* MAURICE ROBIN, "Essai sur la Représentation des Intérêts dans l'Organisation des Entreprises Publique", *RDP*, 1967, № 5, págs. 834 y sig.; R. DRAGO, "Le Régime des Activités...", *loc. cit.*, pág. 454; P. DU PONT, *L'Etat Industriel, cit.*, págs. 86 y sig.

bancos, los seguros, la *Régie Nationale des Usines Renault*, etc. [572] Como medida de socialización, el sistema de representación de los intereses de la colectividad en las empresas públicas francesas, tiene características peculiares que no se dan en esos términos en otro país, ya que la representación tiene lugar en el seno mismo de la organización de la empresa. En esta forma, ha dicho Robin, ni las *Public Corporations* inglesas, americanas y de los países del *Commonwealth*, ni la *Öffentliche Austalt*, la sociedad de economía mixta o la *Sondervor- mögen* alemanas, ni las oficinas e institutos italianos, ni las empresas soviéticas, tienen nada que se aproxime a esta representación de intereses. En efecto, todas esas empresas públicas conocen bien la necesidad de conciliar ciertos intereses opuestos; ellas hasta han organizado con frecuencia una representación de intereses, pero esa representación está en el exterior de la empresa y no forma parte de su organización.[573]

---

572   *Cfr.* M. ROBIN, "Essai sur la Représentation des Intérêts"..., *loc. cit.*, pág. 836; A. DELIÓN, *L'Etat et Entreprises Publiques, cit.*, pág. 151; B. CHENOT, *Les Entreprises Nationalisées*, Paris, 1963, págs. 106 y sig.

573   *Vid.* M. ROBIN, "Essai sur la Représentation des Intérêts"..., *loc. cit.*, pág. 831. *Vid.*, asimismo, Nos. 112 y 113.

Por otra parte, si bien la tendencia general, como medida de socialización, es la de permitir en los países de estructura capitalista la participación de los obreros en el interior de las empresas privadas, ello no ha sucedido igual en relación a las empresas públicas. En este sentido, en cuanto a la legislación comparada sobre participación de los obreros en las empresas privadas, pueden destacarse los siguientes ejemplos: En Europa, la ley del 11 de octubre de 1952 de la República Federal de Alemania establece el régimen de los Consejos de Empresas y la Coparticipación Administrativa; asimismo, algo similar prevé la ley del 27 de enero de 1950 sobre Organización Económica e Industrial de los Países Bajos. El decreto del 13 de junio de 1949 sobre los Consejos de Empresas, promulgado en Bélgica, establece la proporción de la representación de los trabajadores en la dirección de las empresas. En Noruega, Suecia y Dinamarca fueron instituidos los Comités de Empresa por medio de acuerdos directivos entre las Organizaciones de Patronos y de Trabajadores; estos acuerdos remontan al 7 de diciembre de 1945 en Noruega, al 30 de agosto de 1946 en Suecia y al 19 de septiembre de 1947 en Dinamarca. Las reglamentaciones mencionadas prescriben que estos organismos deben ser establecidos en todas las empresas que ocupen más de veinte trabajadores. Se trata de organismos paritarios y de carácter consultivo. En Suecia, el Comité de Empresa tiene facultades para investigar el Balance, la Cuenta de Ganancias y Pérdidas así como los informes de la Dirección y de los verificadores de cuentas. De acuerdo con la legislación italiana y el ordenamiento jurídico vigente en Suiza, los Consejos de Empresa con representación de los trabajadores están subordinados a acuerdos voluntarios entre las partes interesadas. Desde 1958 en la India se han establecido en ciertas empresas, con carácter experimental y voluntario, Comités Mixtos de Empresas con igual número de representantes de la Dirección y del personal. En Israel, de acuerdo con una legislación reciente, además de los Comités Obreros y de los Consejos Mixtos de Productividad establecidos en diversas empresas, se han formado numerosas compañías con una participación paritaria de los trabajadores en los Consejos Mixtos de Dirección (*Vid.* estos datos en *Informe de la Comisión de*

En todo caso, la gestión tripartita de las empresas públicas en Francia ha sido severamente criticada, ya que los incesantes conflictos de intereses que surgen en los Consejos de Administración, se oponen a la necesaria armonía que debe existir en los mismos.[574] De ahí que Robin haya catalogado la gestión económica de dichos Consejos como catastrófica [575] y que la Comisión de Verificación de Cuentas de las empresas nacionalizadas haya formulado el deseo de "mejorar la composición de los Consejos de Administración, renunciando a la fórmula estrictamente tripartita de íepartición de cargos entre los representantes del Estado, de los usuarios y del personal", y sustituyéndola por "el nombramiento de un número mayor de representantes del Estado o de representantes escogidos solamente en razón de su competencia general".[576]

112. Ahora bien, siguiendo la orientación general del Derecho Comparado, en Venezuela los grupos de intereses de la comunidad no tenían tampoco representación en el interior de las empresas públicas.

Recientemente, sin embargo, fue sancionada por las Cámaras Legislativas la ley sobre representación de los trabajadores en los institutos, organismos de desarrollo económico y empresas del Estado, [577] con lo que se viene a establecer definitivamente en todas las empresas públicas una representación obrera.

En todo caso, esta reciente ley venezolana sobre representación de los trabajadores en los Institutos, organismos de desarrollo económico y empresas del Estado, no prevé la representación paritaria de los obreros, sino que su artículo 1° establece solamente que "en los Directorios, Juntas Directivas o Administradoras, o Consejos

---

Asuntos Sociales acerca del Proyecto de Ley sobre Representación de los Trabajadores en los Institutos y Empresas del Estado (Primera discusión) Cámara de Diputados de Venezuela, de 31 de marzo de 1966, pág. 4). Por el contrario, tal como se señala en el texto, en relación a las empresas públicas esta representación es menos frecuente, y er, los países occidentales aparte de Francia y Venezuela quizás sólo en Túnez siguiendo la influencia francesa, de acuerdo con la ley del 14 de diciembre de 1960 y el decreto del 13 de enero de 1962, se establecen los Comités de Empresa en todas las actividades industriales, comerciales y agrícolas en las que tenga el Estado alguna participación.

574   *Cfr.* R. DRAGO, "The Public Corporation in France", en W. FRIED- MAN, *The Public Corporation: A Comparative Symposium, cit.,* págs. 108 y sig., cit. por G. LANGROD, «L'Entreprise Publique...», *loc. cit.,* pág. 225; T. R. FERNANDEZ RODRÍGUEZ, «Notas para un Planteamiento de los Problemas Actuales de la Empresa Pública», *loc. cit.,* pág. 119.

575   *Vid.* M. ROBIN, "Essai sur la Représentation des Intérêts...", *loc. cit.,* pág. 838.

576   *Vid.* en A. G. DELION, *L'Etat et les Entreprises Publiques, cit.,* pág. 154.

577   Publicada en Gaceta Oficial de la República de Venezuela N' 1032, Extraordinario, de 18 de julio de 1966. *Vid.* ALLAN-R.BREWER-CARIAS, "La ley sobre representación de los Trabajadores en los Institutos, Organismos de Desarrollo Económico y Empresas del Estado", *Revista de la Facultad de Derecho, Universidad Católica Andrés Bello,* N° 4, Caracas 1966-1967, págs. 199 y siguientes.

de Administración de los institutos autónomos, organismos de desarrollo económico y empresas en las que el Estado tenga la totalidad o la mayoría de las acciones, habrá *UNA REPRESENTACIÓN* de los trabajadores organizados", debiendo señalarse que las previsiones de esta ley abarcan, no sólo los establecimientos o empresas existentes para el momento de su entrada en vigencia, sino también a los que en el futuro se crearen para la realización de actividades económico-sociales, debiendo preverse lo conducente en la ley que los organicen.[578]

Aparte de ello, la representación laboral que prevé la ley, la ejercerá la confederación, federación o sindicato más calificado o de mayor importancia en la correspondiente rama industrial, y en el supuesto de que haya dudas sobre el organismo que deba ejercerla, el Ministerio del Trabajo establecerá, por resolución especial, a cuál confederación, federación o sindicato debe corresponder la representación. [579] A los efectos de la designación del representante de los trabajadores, el órgano ejecutivo al cual esté adscrito el instituto solicitará, por mediación del Ministerio del Trabajo, de la confederación, federación o sindicato a quien corresponda, una lista de cinco ciudadanos, venezolanos por nacimiento o por naturalización y mayores de edad, de cuyo seno se designará un principal y un suplente. La referida lista podrá estar formada por trabajadores u otras personas idóneas que gocen de la confianza de los respectivos organismos sindicales. [580] En todo caso, la ley faculta al Ejecutivo Nacional para exigir la presentación de una nueva lista, cuando a su juicio la presentada en primer lugar no reúna las condiciones requeridas por esta ley.

En todo caso, el representante laboral así designado, formará parte del órgano directivo en igualdad de condiciones que los demás miembros de ese organismo.[581]

Debe indicarse, por último, que la ley no fija lapso de duración de las funciones del representante laboral. Sin embargo, señala que al ser removido en totalidad o en parte el Directorio, Junta Directiva o Administradora o Consejo de Administración de los establecimientos públicos y empresas donde exista la representación laboral, se procederá a renovar el representante de los trabajadores. [582]

---

578   Artículo 7° de la Ley.

579   Artículo 2° de la Ley.

580   Artículo 3° de la Ley. De acuerdo con el Parágrafo Segundo de este artículo 3°, el Órgano Ejecutivo tendrá un plazo no mayor de tres meses para solicitar dichas listas, y la designación del representante se hará en un lapso de treinta días a contar desde la fecha del recibo de la lista correspondiente. Aunque la Ley no refiere la oportunidad en que deba comenzar a contar el lapso de tres meses, se presume que es desde la promulgación de esta, dado el lapso total de seis (6) meses a que se refieren los artículos 6, 10 y 11.

581   Artículo 5° de la Ley.

582   Artículo 9° de la Ley. Dicho artículo habla, en realidad, de que se debe proceder a designar la representación laboral. Entendemos, sin embargo, que la verdadera intención es la que debe procederse a renovar la referida representación, como lo señalaba el proyecto original.

113. En Inglaterra, aun cuando no existe en el seno de las *PUBLIC CORPORATIONS* una representación de los interesados, como la había en el *PORT OF LONDON AUTHORITY*, se han creado, sin embargo, comisiones o juntas asesoras de consumidores que tienen por finalidad prestar asesoramiento, redactar planes generales, hacer oír sus reclamaciones, llevar propuestas y presentar una memoria anual al Parlamento, con lo que defienden los intereses del consumo y refuerzan la fiscalización sobre dichas corporaciones.[583] Esta forma de representación de los intereses no afecta, como en Francia, la gestión de la corporación, y permite, al contrario, un control directo del consumidor bastante satisfactorio comparativamente con otros países, [584] aunque los actos de dichas juntas o cuerpos asesores no tengan fuerza vinculante para la corporación y las mismas carezcan de personalidad jurídica.[585]

Por ejemplo, en la industria del carbón, existe una junta de consumidores de carbón en la industria, y una junta de consumidores de carbón en usos domésticos, compuestas ambas por representantes de los consumidores del *NATIONAL COAL BOARD*, nombrados por el Ministro de la Energía y Combustible. Estas juntas asesoran al Ministro en las cuestiones relativas al abastecimiento de carbón y combustibles, pudiendo éste tomar, en consecuencia, las medidas que considere oportunas y, especialmente, dar al Consejo de Administración las instrucciones necesarias para remediar los defectos existentes. Cada junta tiene personal propio e informa anualmente al Parlamento. Análogas funciones de asesoramiento tienen el *CENTRAL TRANSPORT CONSULTATIVE COMMITTEE* y los Comités Consultivos Regionales de usuarios del transporte, el *AIR TRANSPORT ADVISORY COUNCIL* y las doce juntas consultivas regionales de Electricidad, así como las similares del Gas. Cada comité de electricidad y de gas tiene la obligación legal de mantener informada de sus planes y disposiciones a la Junta Regional respectiva, la cual puede, por su parte, dirigir al Consejo de Administración representaciones sobre el particular.[586]

En todo caso, la opinión unánime en relación a estos Comités Consultivos es que han cumplido su cometido de manera muy limitada, estando sus resultados muy lejos de los que podían esperarse, lo que puede atribuirse, entre otras cosas, a la ignorancia de la mayoría de los consumidores en relación a su existencia.[587]

---

583   *Cfr.* L. LÓPEZ RODÓ, "Las Empresas Nacionalizadas en Inglaterra", *loc. cit.*, pág. 392; M. A. FLAMME, «La Empresa Pública...», *loc. cit.*, pág. 74.

584   *Cfr.* K. KATZAROV, *op. cit.*, pág. 385.

585   *Cfr.* L. LÓPEZ RODÓ, "Las Empresas Nacionalizadas en Inglaterra", *loc. cit.*, pág. 392; M. ROBIN, «Essai sur la Représentation des Intérêts...», *loc. cit.*, pág. 839.

586   *Cfr.* W. A. ROBSON «La Public Corporation en Gran Bretaña», loc. cit. pág. 127; W. A. ROBSON, *Industria Nacionalizada...*, *cit.*, pág. 237 y sig.; W.A. ROBSON, «Les Nationalisations en Grande-Bretagne», *loc. cit.*, págs. 32 y 33.

587   Cfr. W. A. ROBSON, Industria Nacionalizada..., cit., pág. 250; M. ROBIN, "Essai sur la Représentation des Intérêts dans l'Organisation des Entreprises Publiques", *loc. cit.*, pág. 839.

Por otra parte, no sólo los consumidores pueden ejercer un control sobre las *Public Corporations* en Inglaterra, sino que también, en cierta medida, los obreros. En efecto, al lado de los *Boards*, igualmente están representados los trabajadores [588] y así, en todas las industrias nacionalizadas se ha establecido el método de la deliberación conjunta (*Joint Consultation*) entre la dirección y los obreros, en cumplimiento del mandato legal de crear organismos para la discusión de materias de interés común, incluida la eficacia del servicio de la corporación y la seguridad, sanidad y bienestar de sus empleados. En la industria minero-carbonera, por ejemplo, existe un Comité Consultivo en casi todas las minas y en los grados intermedios, y un *National Consultative Committee* presidido por el propio presidente del *National Coal Board*.[589]

114. Ahora bien, al contrario de lo sucedido en los grandes procesos de nacionalización de Europa occidental (Francia, Inglaterra), donde se previo en una u otra forma, la representación de grupos interesados en las empresas nacionalizadas con la posibilidad de ejercer un cierto control sobre las mismas, en la U.R.S.S. y en los países de Europa oriental, las leyes de nacionalización no prevén la participación del consumidor en la organización de las empresas del Estado. Sin embargo, señala K. Katzarov, dentro de un sistema socialista, el control administrativo y jerárquico es total y por ese medio es como se ejerce el control del consumidor; en vista de que en un régimen de nacionalización total, el interés particular del productor se ha eliminado, se espera y se supone que éste —es decir, la empresa del Estado— no tiene ningún interés en perjudicar al consumidor.[590]

En cuanto a la posibilidad de los obreros de intervenir en el control de la actividad de la empresa, si bien en los países socialistas generalmente las leyes de nacionalización guardaron silencio a este respecto, [591] es necesario destacar el ejemplo de Polonia, donde el personal de las empresas del Estado tiene el derecho de participar directamente en la gestión de la empresa. En efecto, como se ha visto, [592] los órganos de autogestión obrera funcionan en virtud de la ley, y sus funciones consisten fundamentalmente en decidir sobre los asuntos más importantes de la empresa, en ejercer el control y la vigilancia sobre la actividad del director de la misma, y en organizar la realización de las tareas económicas y socioculturales.[593]

En esta forma, la autogestión obrera es una de las formas del desarrollo y del ensanche de la democracia socialista, y constituye una base para coordinar la actividad de las diferentes organizaciones obreras que funcionan en el interior de

---

588   *Cfr.* M. ROBIN, "Essai sur la Représentation des Intérêts"..., *loc. cit.,* pág.840.

589   Cfr. W. A. ROBSON, "La Public Corporation en Gran Bretaña", *loc. cit.,* pág.   128.

590   *Cfr.* K. KATZAROV, *op. cit.,* págs. 384.

591   Cfr. K. KATZAROV, op. cit., págs. 388. Puede verse una excepción en Checoslovaquia: Vid. N° 66.

592   *Vid.* N° 66

593   *Cfr.* Z. RYBICKI, "Le Regime des Activites... », *loc. cit.,* pág. 268.

la empresa. Los órganos de la autogestión representan los intereses del personal en materia de producción y en materia social. El órgano supremo de la autogestión es, de acuerdo con la legislación en vigor, la "Conferencia de la autogestión obrera", compuesta por los miembros del consejo obrero —elegidos directamente por el personal—, por miembros del consejo del establecimiento, elegidos por los trabajadores que pertenecen a los sindicatos, y por miembros del comité ejecutivo de la organización del Partido. Por otra parte, corresponde a la conferencia de la autogestión obrera, la dirección y la coordinación de la actividad de otros órganos de la autogestión obrera (consejos obreros de la empresa), las decisiones en los asuntos esenciales de la empresa y principalmente, el control y la vigilancia ejercidos en relación con la dirección de esta y de los otros órganos de la autogestión obrera.[594]

En la U.R.S.S., por otra parte, puede destacarse el control ejercido por el comité sindical de la respectiva fábrica, el cual se aplica en cumplimiento del acuerdo colectivo de trabajo, y que tiene por objeto vigilar los gastos del "fondo del director", la recta aplicación de las escalas de sueldos y las disposiciones del Código del Trabajo que afectan al bienestar de los obreros, condiciones sanitarias y seguridad técnica. Este control se lleva a cabo por "inspectores públicos" elegidos por las organizaciones sindicales, aun cuando éstas celebran periódicas "conferencias de producción", donde se exponen los planes a ejecutar y se denuncian las posibles irregularidades de la administración de la fábrica.[595]

Debe destacarse, por último, que a través del mecanismo del autogobierno de los productores que se ha establecido en Yugoslavia, [596] estando la gestión de la empresa materialmente en manos de los obreros y empleados, a través de los consejos obreros y los comités de gestión, éstos ejercen, junto con la gestión, el control respectivo.[597]

---

594   Cfr. Z. RYBICKI, "L'Entreprise Publique dans le Système Polonais de l'Economie Planifiée", *loc. cit.*, págs. 318 y 319.

595   *Cfr.* R. FERNANDEZ-CARVAJAL, "Las Empresas Públicas en Rusia" *loc. cit.*, pág. 455; A. DENISOV et M. KIRICHENKO, *Derecho Constitucional Soviético, cit.*, pág. 105.

596   *Vid.* N° 72.

597   *Cfr.* JOVAN DJORDJEVICH, *Yugoslavia, Democracia Socialista, cit.*, pág. 67; S. GROZDANIC, «Administrative Management...», *loc. cit.*, págs. 47 y sig.; NIKOLA STJEPANOVIC, «Les Nationalisations et l'évolution de la gestion de l' économie en Yougoslavie», *loc. cit.*, páginas 280 y sig.

CUARTA PARTE
CONCLUSIONES

> *"Il ne faut pas avoir peur, lorsque le besoin s'en fait sentir, d'analyser de façon réaliste les données juridiques nouvelles et de constater la naissance de nouvelles catégories juridiques"*. Georges Vedel, "Le Régime des Biens des Entreprises Nationalisées", en Le Fonctionnement des Entreprises Nationalisées en France (Travaux du 3e. Colloque des Facultés de Droit), Paris, 1956, pág. 192.

115. Realizado el anterior análisis comparativo sobre el régimen de las actividades industriales y comerciales de los poderes públicos, podemos señalar las siguientes conclusiones:

A) Es una realidad generalizada en el Derecho Comparado la creciente intervención del Estado en la vida económica a través de la constitución de empresas públicas, no sólo en los regímenes de economía planificada, sino también en aquellos de estructura liberal, y dentro de éstos, no sólo en aquellos en vías de desarrollo, sino también en los altamente industrializados.

B) Esta nueva realidad de la actividad económica del Estado no encaja jurídicamente dentro de ninguna de las categorías tradicionales de las formas de la actividad administrativa (policía, fomento y servicio público), por lo que, antes de deformar alguna de esas categorías tratando de abarcar la actividad económica del Estado, o abandonar su consideración a favor del llamado Derecho Económico, sería preferible admitir como una cuarta forma de la actividad administrativa, la de gestión económica, como ha sido propugnada específicamente por la doctrina española (Villar Palasí, García de Enterría).

C) El régimen de las actividades industriales y comerciales del Estado, si bien desde el punto de vista interno es variable en cuanto a la aplicabilidad del Derecho Público y Derecho Privado, presenta la característica común de estar regido en su aspecto externo casi exclusivamente por normas de Derecho Privado.

D) Aun cuando, en general, la variabilidad de las formas jurídicas utilizadas por el Estado para desarrollar su actividad económica es evidente, sería recomendable que los diversos sistemas jurídicos propugnaran una reorganización de dichas formas, pensando quizás en la posibilidad de la adopción de una forma única para la realización de esas actividades, ni enteramente pública ni enteramente privada, dejando las formas públicas (establecimiento público) para la sola realización de actividades de servicio público. En este sentido, las PUBLIC CORPORATIONS británicas y las Empresas del Estado de los países socialistas bien podrían, con las necesarias correcciones, servir de modelo.

E) Es necesario, asimismo, reorganizar los variados y dispersos mecanismos de control que han sido instituidos más como remedio a una situación jurídicamente nueva y hasta anormal, que como medio efectivo para lograr un verdadero control del Estado, y, en su caso, de los grupos de intereses de la comunidad. Actualmente no es exagerado afirmar, como lo hace R. Drago, que si todos los mecanismos de control previstos en los diversos sistemas se aplicaran efectivamente, se paralizaría por completo la actividad de las empresas públicas.